南京非物质文化遗产
代表性传承人口述史丛书

南京市文化和旅游局 编

秦淮灯会·陆有昌

陆有昌——口述
王学森 张 杨
赵步阳 戴欣佚
聂 涛——整理

南京出版传媒集团
南京出版社

图书在版编目（CIP）数据

秦淮灯会：陆有昌 / 陆有昌口述；王学森等整理
. -- 南京：南京出版社，2023
ISBN 978-7-5533-4368-6

Ⅰ. ①秦… Ⅱ. ①陆… ②王… Ⅲ. ①陆有昌—事迹
②风俗习惯—介绍—南京 Ⅳ. ①K825.7②K892.453.1

中国国家版本馆CIP数据核字（2023）第175454号

丛 书 名　南京非物质文化遗产代表性传承人口述史丛书
丛书作者　南京市文化和旅游局
书　　名　秦淮灯会·陆有昌
作　　者　陆有昌 口述　王学森　张　杨　赵步阳　戴欣佚　聂　涛 整理
出版发行　南京出版传媒集团
　　　　　南 京 出 版 社
　　　　　社址：南京市太平门街53号　　邮编：210016
　　　　　网址：http://www.njcbs.cn　　电子信箱：njcbs1988@163.com
　　　　　联系电话：025-83283893、83283864（营销）　025-83112257（编务）

出 版 人　项晓宁
出 品 人　卢海鸣
责任编辑　谢　微
装帧设计　刘　俊
责任印制　杨福彬

排　　版　南京私书坊文化传播有限公司
印　　刷　南京互腾纸质品有限公司
开　　本　880毫米×1230毫米　1/32
印　　张　6.125
字　　数　130千字
版　　次　2023年12月第1版
印　　次　2023年12月第1次印刷
书　　号　ISBN 978-7-5533-4368-6
定　　价　52.00元

用微信或京东APP
扫码购书

用淘宝APP
扫码购书

编委会

前　言

习近平总书记在党的二十大报告中指出："我们要坚持马克思主义在意识形态领域指导地位的根本制度，坚持为人民服务、为社会主义服务，坚持百花齐放、百家争鸣，坚持创造性转化、创新性发展，以社会主义核心价值观为引领，发展社会主义先进文化，弘扬革命文化，传承中华优秀传统文化，满足人民日益增长的精神文化需求，巩固全党全国各族人民团结奋斗的共同思想基础，不断提升国家文化软实力和中华文化影响力。"非物质文化遗产保护是传承中华优秀传统文化、增强文化自信的重要内容。2022年9月11日，中共南京市委办公厅、市政府办公厅印发《关于进一步加强非物质文化遗产保护工作的实施意见》，文件紧紧围绕新形势下非物质文化遗产保护工作的新目标、新任务、新要求，从加强非物质文化遗产保护、传承、利用、传播、保障等方面，提出了具体工作举措。文件提出，要完善调查记录体系，充分挖掘非物质文化遗产资源，建立资源库。对国家级非物质文化遗产代表性项目和代表性传承人进行全面系统记录，为有针对性开展非物质文化遗产保护工作提供数据支撑。

南京作为六朝古都、十朝都会，独特的地理环境，悠久的城市历史，形成了源远流长、灿烂多元的文化，以及刚健与秀美并存、传统与开放兼具的文化品格。其中，承载着记忆与乡愁的南京非物质文化遗产，也就自然受到南京城市历史与文化的影响，形成了自身的特色与内涵。南京非物质文化遗产种类丰富，数量众多。经过各级政府、社会各界的共同努力，目前南京市已全面建成梯次合理、规模适度、传承有序的四级非物质文化遗产名录体系。截至 2022 年，全市入选联合国教科文组织人类非物质文化遗产代表作名录项目 4 项，国家级非物质文化遗产代表性项目 13 项、江苏省非物质文化遗产代表性项目 76 项、南京市非物质文化遗产代表性项目 195 项。与代表性项目相对应，南京市非物质文化遗产代表性传承人传承体系也日臻完善，全市拥有市级以上代表性传承人 305 名。

非物质文化遗产代表性传承人是非物质文化遗产的重要承载者和传递者，是非物质文化遗产活态传承的核心。为了更好地促进对南京非物质文化遗产代表性项目的传承、研究、宣传和利用，我们专门组建学术团队，开展了“南京非物质文化遗产代表性传承人口述史丛书”的编辑出版工作。在系统采访了南京市非物质文化遗产代表性传承人及相关人员的基础上，对多年来积累的传承人口述史素材进行全面整理与完善，进而以图文并茂的形式，一人一册，从记忆和细节入手，呈现这些代表性传承人与流光溢彩的非物质文化遗产项目所结下的一生缘，以期能从具体的“人”的视角，帮助公众对南京的非物质文化遗产代表性项目形成更为细致、准确和全面的了解与认识。我们相信，口述史丛书的相继出版，不仅可以进一步丰富南京非物质文化遗产研究的资料库，促进对南京非物质文化遗产的保护、传承与研究，而且对于继承和弘扬中华优秀传统文化，“让城市留下记忆，让人们记住乡愁”，更加具有重要的意义与现实价值。

编 委

目 录

第一章

秦淮灯会与陆氏灯彩

秦淮灯会，又称“夫子庙灯会”“金陵灯会”“南京灯会”，是南京市秦淮河流域的一种特色民俗活动，主要集中在每年春节至元宵节期间举办。秦淮灯会的历史非常悠久，据史料记载，早在南朝时期，南京就出现了元宵灯会，彼时“灯火满市井”，堪称全国之冠。明朝时，朱元璋与朱棣两代帝王力倡元宵灯节活动，秦淮灯火之盛，无与伦比。2006 年，“秦淮灯会”经国务院批准列入第一批国家级非物质文化遗产代表性项目名录。

秦淮灯彩，亦称“金陵灯彩”“南京灯彩”，且有“秦淮灯彩甲天下”的美誉。秦淮灯彩是秦淮灯会中最重要的元素。2000 年，南京市秦淮区被命名为“中国民间（灯彩）艺术之乡”。2006 年，由民间艺术家陆有昌扎制的秦淮灯彩传统作品“荷花灯”，被国家邮政总局选定为春节特种邮票题材，成为展示祖国传统民间艺术的一张名片。2009 年，文化部颁发证书，授予陆有昌国家级非物质文化遗产项目秦淮灯会代表性传承人的称号。

2023 年秦淮灯会

初八上灯，十八落灯

关于灯彩，明太祖朱元璋为我们做了不少好事。初八上灯、十三试灯、十五正灯、十八落灯，就是明太祖定的。

我们大多在正月初一到十八销售花灯，别的时间基本上不会销售。过去都讲“十八落灯”是朱元璋定下来的规矩。老南京还有个不成文的规矩：过年不到夫子庙绕一圈，就感觉没有过年；到夫子庙还不买一盏灯，就感觉没过好年。年龄大的人喜欢买荷花灯，小孩喜欢买兔子灯。现在，不仅是南京人逛夫子庙，

《上元灯彩图》局部（明·佚名）

全国各地的人过年都来夫子庙玩。为了便于外地人携带，我们把灯进行了改造，像荷花灯的花能抽出来、放进去，鸡灯的头也能拆掉，兔子灯也跟以前不一样，能被拖着跑了。

1990 年灯会一角（王松南　摄）

灯会期间，人特别多，非常热闹。每天从下午 5 点开始，到晚上 11 点，这么几个小时，人头攒动，鞋子掉了都不能捡，因为人太多，人挤人，只能光着脚继续往前走。每天晚上，等人散了，光鞋子就能拾一大箩。这些人有南京本地的，也有外地来的。大家也晓得夫子庙人多，就是赶热闹，为买个灯。哪怕灯都挤扁了，挤坏了，拿回家也高兴。就是这么一个习俗——过年得到夫子庙买盏灯。

我以前经常参加秦淮灯会，现在也去。每年过年前的点灯仪式，其实都有两个人，一个是我，一个是顾业亮，我们俩都是秦淮灯会国家级传承人。讲的是点灯仪式，实际上灯都已经点好，我们两个人抓着灯，示意一下，之后，我们就不上台了，在台下站着，最后由领导发言并宣布“点灯仪式开始了”，夫子庙的灯就全部亮了，点灯仪式结束。点灯仪式一般是在正月初一，有的时候是在年三十晚上。其实那会儿也不算最热闹的时候，就是告诉人家——现在夫子庙点了灯，灯市开始了。点灯仪式原来在夫子庙大成殿那里，2016 年移到大报恩寺了。

秦淮灯会已经有很多年的历史了。新中国成立前，做灯、卖灯是在门西[①]评事街[②]那里。我跟电视台也谈过，谁也没规定非得过年到夫子庙玩一趟，老城南人都想，吃完饭没事干，摇就摇到了夫子庙，转一圈。这些不成文的规定成就了这个灯市。

最先是在金陵路逐步形成了灯市。金陵路是南京较早的销售服装的一条街，位置在现在的市中医院[③]到原来的明远楼[④]边

---

① 门西：据陶起鸣《回望千年 烟火门西——门西历史文化刍议》（参见《南京学研究（第三辑）》，第 141–154 页）一文考证，“门西”是民间对南京老城区特定区域的俗称，中华门至水西门间的城墙与升州路、中华路所包围的区域为门西。陆有昌在访谈中将位于升州路北侧的评事街与门西并称，按照陶起鸣该文中的说法，反映了部分老南京人对于“门西”北界的“泛化”。

② 评事街：位于升州路中段北侧。南起升州路，北至笪桥。古时，此地为宰牛的回民出卖牛皮等皮货的摊贩市场集中地，曾名皮市街。后讹为评事街。明初，又更名为皮作坊。清又复名评事街。明清时期，此地相当繁华，“肉腻鱼腥米盐糅杂，市廛所集，万口一嚣”。此街也是古代南京灯市的中心之一，晚清民国以后，灯市才移到今夫子庙。（参见《南京地名大全》，第 540 页）

③ 市中医院：即南京市中医院。原为 1934 年 11 月在金陵路 1 号原江南贡院遗址开设的首都警察厅医务所。历经“首都警察医院”“南京公安医院”“南京直属医院”等名更迭，1956 年 7 月，定名为南京市中医院。2018 年，医院整体搬迁至大明路 157 号。目前金陵路 1 号为南京中国科举博物馆所在地。

④ 明运楼：今位于南京中国科举博物馆内，是江南贡院的中心建筑，处于江南贡院建筑群的中轴线上，始建于明永乐年间，复建于明嘉靖十三年（1534）。明远楼是科举考场的指挥中心，3 层楼成塔状，站在楼上眺望，考场内各个角度尽收眼底。民国时期，明远楼为南京市政府大门的门楼。

上。春节期间，服装市场就不做了。大概有十天半个月时间，正好可以利用他们的摊位，把灯市组织起来，销售花灯。一开始，灯市是群众自发组织的，后来有政府帮忙组织。有段时间不让卖，我们拎着花灯就在乌衣巷[1]附近偷偷卖。再后来我们在永安商场[2]旁边小公园卖过，在奇芳

1999年夫子庙步行街图（江苏省第二测绘院编制）

① 乌衣巷：位于夫子庙文德桥东南侧，东起平江府路，西至大石坝街文德桥口。长350米，宽2.5米，沥青路面，为南京古街巷之一。传说三国孙吴时这里是禁军驻地，禁军穿黑色军衣，称乌衣营，巷因以为名。一说此巷是王导、谢安两个望族宅邸所在地，王谢子弟善着乌衣，当时人称“乌衣郎”，巷因以得名。据史籍记载，乌衣巷距朱雀桥不远，朱雀桥原址在今中华门内镇淮桥（南门桥），故乌衣巷当在朱雀桥畔钞库街、膺福街一带，今巷仅为古代乌衣巷一部分。（参见《南京地名大全》，第227页）

② 永安商场：开设于1940年，位于夫子庙秦淮河畔。商场是由140多户私营商店汇集而成的，以经营百货为主，并设有咖啡馆。新中国成立初期一度停业，1958年6月重新开业，为公私合营商场，仍用永安商场之名。

1987年2月，夫子庙奇芳阁处步行街（胡德文 摄）

阁[1]至永和园[2]，就是我们常说的人人理发店[3]边上也卖过，还在“天下文枢”坊下边、大成殿广场卖过，后面在琵琶巷待过几年，最后是在东牌楼[4]花灯市场。

到东牌楼的时候，灯市就比较有秩序了。春节前大概一个半月左右，夫子庙管理局打电话挨家通知。他们手里有资料，知道

① 奇芳阁：位于贡院街158号，是夫子庙地区一家著名的茶楼。创始于清朝末期，原址在奇望街（今建康路）承恩寺附近，是一家清真茶社。新中国成立后，奇芳阁由私营转为公私合营，而后转为国营。1984年8月，奇芳阁被重新改造为酒楼，由专营小吃的清真茶社发展为提供小吃、饭菜的综合型酒楼。

② 永和园：前身是清末民初的“雪园”茶馆。1941年，卞永生买下雪园门面，一统茶点生意，并改名“永和园”。其传统小吃品种有烫干丝、小笼包饺、三丁包、五丁包、翡翠烧卖、千层油糕、萝卜丝烧饼等。新中国成立后，永和园茶点社改制为国营企业。1986年9月28日，永和园酒楼在贡院西街重建开业。2013年，因兴建南京中国科举博物馆，永和园酒楼在状元楼酒店西侧的建康路68号易址复建开业。

③ 人人理发店：据易荷生《夫子庙人人理发店店名的由来》（“最忆是金陵”微信公众号2019年3月27日发布）一文，人人理发店创建于民国初年，坐落在夫子庙贡院西街。理发店老板冯兆荣思想新潮，取用孙中山先生语录“人人为我，我为人人”中的“人人”作为店名。该店有三开门的店面，有48张可以上下升降的理发座椅。楼上还设有雅座。最多的时候，理发师傅有50余人，名噪一方。

④ 东牌楼：位于夫子庙西南处，东起贡院街，西至长乐路武定桥。1864年，曾国藩打败太平军后进驻南京，在道署街（今瞻园路）东口建一座表功的牌楼，名曰东牌楼。后附近成巷，以此为名。（参见《南京地名大全》，第298–299页）

灯如海·人如潮（龚文新　摄）

哪些人扎什么灯，打电话通知我们去开会，然后告诉我们今年登记开始了，登记后交摊位费，我记得是1100元一个摊位。灯节期间，摊位按照安排一个一个排起来。秦淮灯排在前面，外地灯还有一些玩具灯排在后面。我们老大（陆有文）在,我也在，后来我不去了，他们就让老大先选，跟老大说，今年你弟弟不来，你要哪个摊位。那时候我们一般初一正式开始卖，有的人年三十晚上就去了，但是年三十晚上逛夫子庙的人不多，初一才开始多起来。如果货卖得好，我们大概初十就回家了。我们有十年没有上夫子庙卖灯了，因为所有的灯年前就被人拿走了。现在过年，我们蹲家里休息，不用忙着扎灯卖灯，之后就是到夫子庙玩玩、看看。

灯会主要集中在夫子庙地区，围绕大成殿、聚星亭、“天下文枢”牌坊呈一个半圆形。夫子庙原来是个游乐场，里面有动物园[①]，也有说相声的、变魔术的，人多热闹。卖灯的过来后，这里就形成了灯市。灯市开始比较乱，后来由国家管理，收取一定的管理费，还派了一些辅警、管理员参加，卖灯的跟买灯的都有了安全保障。卖灯的秩序维持得好，也没有人吵架，比以前在金陵路好很多，不用再为抢占地方烦了。买灯的秩序也好，虽然全是人，但有公安人员排起队来维持秩序。每晚灯市持续到十一二点钟。

---

① 动物园：即城南动物园。据周昭琦《夫子庙里曾经也有个动物园》（《金陵晚报》2022年2月17日，第A12版）一文，20世纪五六十年代，城南夫子庙游乐场里面有个儿童乐园，园内有儿童动物园，又称城南动物园。城南青少年在这里学习了不少动物知识。

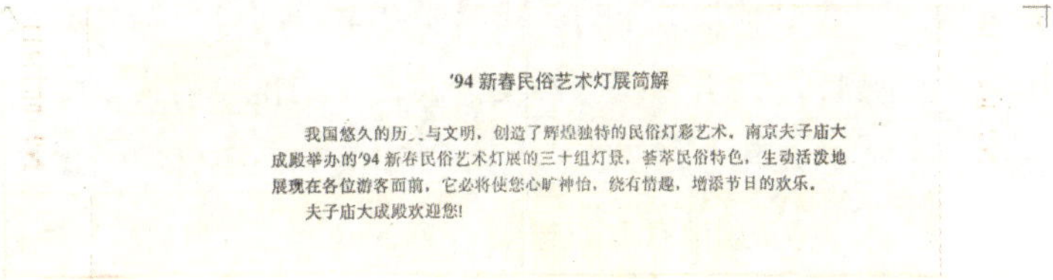

1994 年新春民俗灯展夫子庙大成殿门票（正反面）

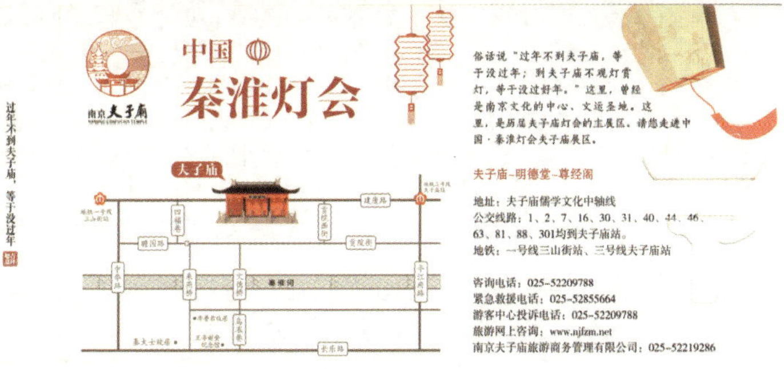

2021 年“中国·秦淮灯会”贵宾券（正反面）

新中国成立后，扎灯艺人基本在门东[1]马道街[2]、边营[3]一带。我们就住在马道街。现在大家都分散开了，有的人搬走不住门东了，有的人是新学的，也不是在门东学的，但是只要你追根溯源，总会发现，他们都起源于门东这边，要么祖辈生活在这，要么他的师傅原来是门东的。我原来在卡子门有个龙灯厂，办了几年就被拆迁，当时我急得没办法，找文化局局长要政策要地方。他说你要什么房子，我说我要离夫子庙不远的，我是秦淮区人，不想去别的地方。还有一次，雨花台区派人来找我，叫我到他们那边作为雨花台区的传承人进行工作，我没去。我总觉得自己是吃秦淮河水长大的，提起夫子庙感情就非常深。如果给我换个别的区，哪怕给我再好的条件，代表人家，我也不愿意。因为陆氏灯彩的起源都在秦淮。

① 门东：清光绪二十五年（1899），陈作霖所作《东城志略》刊印。陈作霖在引文中说："金陵聚宝门城墉，左右袤延，淮水邪界于其北，中狭而旁广，故城厢隙地，如舒两翼。然土人呼门东、门西。"可见"门东""门西"是老城南居民俗称的地理空间概念。泛泛来说，今中华门以东均为门东，中华门以西为门西。陆有昌在采访中所说的"门东"，即是在此意义上使用的这一概念；而如今所说的"老门东"，更多是用来专指北起长乐路、南抵明城墙、东起江宁路、西到中华门城堡段内秦淮河的，集历史文化、休闲娱乐、旅游景观于一体的文化街区，是狭义的门东概念。

② 马道街：位于长乐路南侧。东接小心桥东街，西至大油坊巷。清《同治上江两县志》载：马道街，相传富民沈万三宅在此，有庐州会馆。又传此地原系明初富民沈万三养马的地方，故名。（参见《南京地名大全》，第 140 页）

③ 边营：位于雨花门内，箍桶巷南端，东起老虎头，西至上江考棚。明初曾建营房于此，由南至北依序排为一、二、三条营。一条营紧靠城墙，又称边营，后成街巷，以此为名。新中国成立后，库上里、仁厚里先后并入。旧时，南京人有正月十六登城头习俗，与边营有直接关联，这是因为边营有一段黄土坡道可直达城头。（参见《南京地名大全》，第 355 页；《古里秦淮地名源》，第 98 页）

我的手艺是祖传的

我爷爷叫陆世荣，我父亲叫陆开明，我父亲有个弟弟叫陆开义，他们都会扎灯。我们是老秦淮人，祖上扎灯的事很多人都知道。如果要让我讲秦淮灯彩的具体起源，我是不清楚的。其实，若要讲陆氏灯彩到底是几代了，我也不太清楚，因为父亲只说是跟爷爷学的，至于再往上的事，他没讲过。所以从目前来看，我只知道我们陆氏灯彩至少有三代了。我有一个哥哥，叫陆有文，我们是第三代，从小跟父亲一起学扎灯。

我是 1944 年 1 月生人，出生后没多久，母亲就半身不遂了，父亲靠卖菜维持我们家四个人的生活。当时家庭贫困，日子很苦，

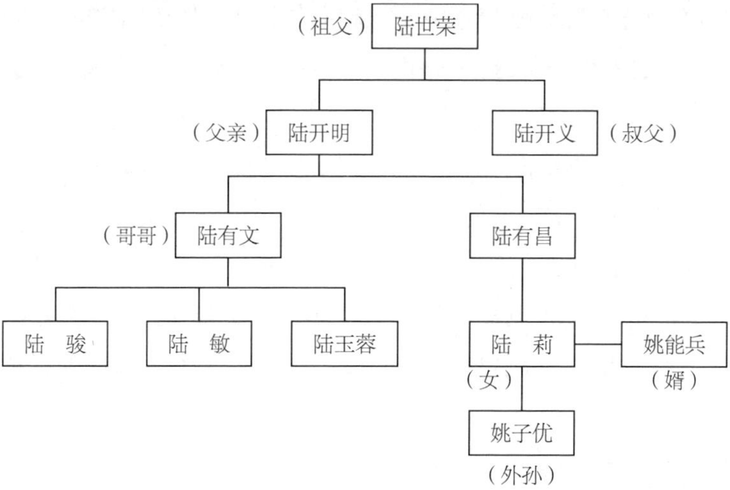

陆氏谱系图

父亲陆开明（左一）过寿

父亲卖菜很穷，回来时只能买二斤米，其他什么都买不起，有时买一斤米，煮稀饭吃。但就算累了一天，父亲每天回来也要赶制花灯。我讲的都是真话。放学以后，我们背着书包到农田里挖野菜，回来吃菜饭。虽然 1949 年新中国成立了，但是 50 年代国家仍然很困难，我们家生活条件还是蛮紧的。我们的学费经常交不起，每次老师让我们回家拿，但是回家哪有钱拿呢？！后来一个偶然的机会，我父亲朋友跟他说："叫你儿子学扎灯吧。"就这样，1954 年，南京发大水那年[①]（老一辈可能都知道），我开始跟父亲学扎灯。这就是穷人家的孩子早当家。

我没见过爷爷，只是听我父亲讲，他也是落难时跟他的爷爷学的扎灯。我们家的灯彩都是这么一代代传承下来的。当时扎灯完全是为了生活，为了上学。父亲把我和哥哥找在一起讲："过年你们想吃肉啊？"我们说："想吃。"父亲说："想吃就好好学扎灯，扎灯卖了钱以后，过年就有肉吃了，也能做两件新衣

---

① 据《南京简志》（南京出版社 2014 年版，第 619 页），1954 年 7 月 1 日至 10 月 8 日，连日暴雨，江河水位猛涨。8 月 17 日，长江下关水位达 10.22 米，郊区 11 处破圩，全市倒塌房屋 3900 间，33% 的耕地受淹。

陆开明（右）、陆开义两兄弟

陆有文、陆有昌（左）两兄弟共同扎灯

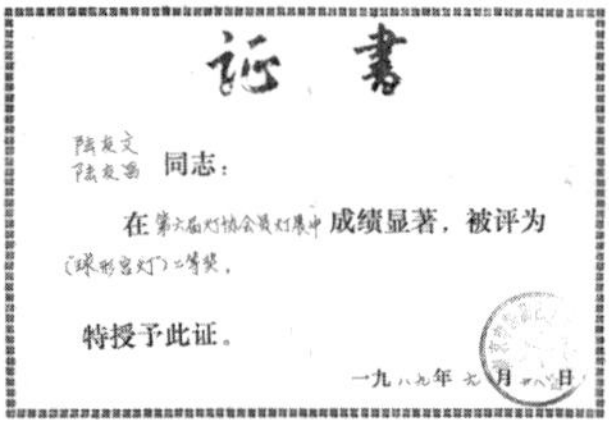

证書

陆友文
陆友昌 同志：

在第六届灯协会员灯展中成绩显著，被评为《球形宫灯》二等奖，

特授予此证。

一九八九年九月廿八日

证書

陆友文
陆友昌 同志：

在第六届灯协会员灯展中成绩显著，被评为《翠鸟鸣春》一等奖，

特授予此证。

一九八九年九月廿八日

陆有文、陆有昌两兄弟的获奖证书

裳穿，开学了，你们可以交学费。”学费摆在最后，生活摆在第一。这也是为什么那时候的花灯艺人被称为“灯花子”“灯乞丐”，这些人都是靠它来讨生活的。

那时父亲对我们管教很严，他不怎说话，但对我们做的东西要求很严。每一道工序他只教两遍，从来不教第三遍，教完就让我们自己做，然后交代好今天的事情就去卖菜了。如果做不好，父亲回来打啊。他说“不打你们，学不出来”。我不知道挨过多少竹板子，小手被打得肿起来。我妈看着也难过，只能讲：“要细心，要用心，否则到老都学不会。”“手艺手艺，手不磨怎么能成艺？”父亲还讲：“学扎灯容易，做人难，要把人做好，才能学扎灯。”“光扎灯，人做不好是不行的。”

传统藕灯

陆氏灯彩展示

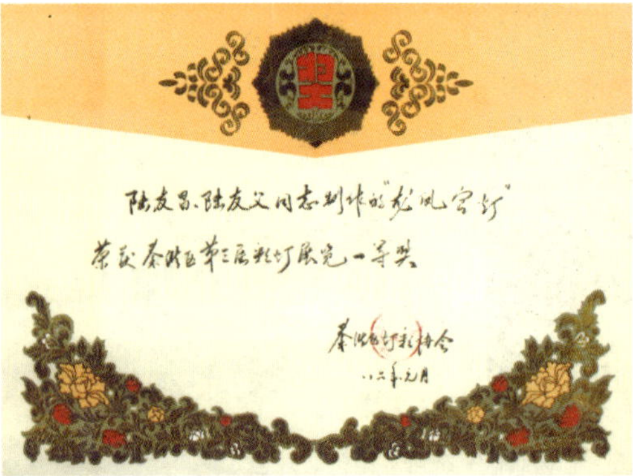

陆有昌、陆有文制作的“龙凤宫灯”获奖证书

我们也知道，他这是为了我们成才。从父亲手上学手艺，有一点比较好——老子教儿子是丝毫不保留的。这种家传的，跟在外面拜师学艺是两个道理：你在外面学，表现不好，人家不教你；你跟父亲学，不好好学，打你一顿，父亲仍然会毫无保留地教你。所以我们跟父亲学是真传。不可能说老大表现好，父亲就多教；老二表现不好，父亲就不教。所以我跟我哥哥陆有文都是一样的。可以说，我的扎灯手艺完全是祖传的，我没跟别人再学过。

扎荷花灯是我们的看家手艺。我先学的荷花灯。这个里面最难的是勒花瓣，每个花瓣都要用细绳勒出一道道纹路，一天下来手酸得连饭碗都端不住。但自从我们扎荷花灯以后，家里的空缺弥补了，生活改善了一些，也交得起学费了。不要太①开心啊！插一句后话，我的荷花灯能被选上国家向世界发行的特种邮票，或许正是因为手艺根底比较强吧。

每年天热得要吃西瓜的时候，我们就开始做灯，买篾子回

① 不要太：出自 1990 年“杉杉西服”在央视做的广告语“不要太潇洒”。此句式曾风靡一时，“不要太”意为“非常”。

大红色无莲藕荷花灯

渐变色花瓣纸藕荷花灯

来劈，劈了之后扎。过年我和哥哥两个人把花灯抬到夫子庙去卖，几十年没断过。五几年开始卖灯，那时我还小，我跟哥哥找根长毛竹，把扎好的荷花灯、兔子灯一串串系上去，从大年三十开始，举着竹竿，走街串巷地叫卖。一般我们会找个地方，把竹竿架在树杈上，有人买的时候，我们把竹竿倾斜下来，让他们自己从上面解下看好的花灯。有时候没卖完，夜里下大雪，我们也不能回家，就在人人理发店对门，躲在人家屋檐底下，小手冻得通红，不卖不行，最后还是卖掉了。我们有顺利的时候，也有低谷的时候，低谷的时候也总能把灯卖掉。“文化大革命”那会儿，红卫兵“破四旧”“立四新”，不给我们上夫子庙去卖灯，如果到夫子庙，会被他们抓，还要挨打。就算这样，我们都没有停过。我跟我哥哥两个人，抬了一竹竿子的荷花灯，不上文德桥，不到夫子庙，就到乌衣巷那里，就是诗上面写的“乌衣巷口夕阳斜”那个地方。灯来了，群众买了就走。一竹竿一竹竿卖得快得很。因为我是老南京出身，土生土长的，路熟，从没被抓到过。当然，他们也不会去家里抓人，他们只去抄资本家的家，我们是城市贫民，他们基本不会来。尝到甜头之后，每天下了班，我也不玩，每天晚上扎灯。那时晚上没电视，我就听个收音机，边听边扎灯，过年换个钱。人家都说“文化大革命”时期不给卖灯，我却说我们家的灯那时候卖得最好。我们那时在乌衣巷，一个灯才卖 2 毛、3 毛。

夫子庙旧影

那时虽说“破四旧”“立四新”，却还是有群众喜欢传统，传统的秦淮灯彩在广大市民当中一直占有一席地位。大多数情况下，我们就在夫子庙人人理发店门口卖灯。以前卖灯没有管理，两边拉起绳子，挂个牌子就在那儿卖起来。现在好了，政府安排摊位，让我们在东牌楼那里卖灯。具体位置是靠着消防三中队的这半边，一条路都卖灯，秩序相当好。我们的押金存到了管理局，只要大家不淘气，灯会后会退给大家。大家基本上是不淘气的，过年卖灯，要是跟顾客一淘气，1000 块钱押金就泡汤了。再说，一年就卖这么一次灯。

我们灯彩这行，个体户比较多，大家就为了糊口饭吃。2004 年，秦淮区成立了秦淮彩灯协会，我担任副会长。开始那几年，协会每年都会聚在一起讨论。但因为我们几个都是工匠，要干活的，所以就开始的两年开开会，之后就是“弹棉花自顾自”，基本上大家各忙各的，开会的机会很少。国家文化部、秦淮区文化局也会把我们做灯的人聚在一起开会，国家是关心我们的。这个灯彩协会，最初工作主要是安排彩灯艺人卖灯。后来逐渐地由国家来安排，也不用我们负责了。现在政府做得确实不错，我们要感谢政府。

20 世纪 90 年代陆氏灯彩的摊位

1999 年，夫子庙中心广场展示的灯彩作品《大白兔》

议彩话灯

○ 秦淮灯会的起源与发展

周安庆（南京地方志专家）：秦淮灯会是在南京本土文化和外来文化相互融合的作用下，在秦淮河流域特殊的民俗文化环境中形成的民俗文化活动，主要表现为张灯结彩、竞技娱乐、歌舞狂欢。

据我考证，秦淮灯会的起源不晚于南朝。梁简文帝萧纲的《列灯赋》记述了正月十五在燃灯的习俗。南朝以后，隋炀帝把南京降为秣陵县。直到中唐，南京才逐渐复苏。宋代文献中有确切资料表明，当时有正月十五在建康府署外面观灯的习俗。明朝时，朱元璋定都南京，为了营造太平盛世的气象，他做了两件事。一是把元朝的南京原住民迁出，把家乡凤阳、淮南一带人迁入；二是将全国百工艺人聚集到南京，建设新京师。明朝《续文献通考》中记载，洪武五年（1372）正月十四晚，朱元璋在秦淮河畔放水灯——荷花灯，正月十五日晚上回宫的时候，天上闪过一道光。从那以后，朱元璋每年正月初八上灯、燃灯，放灯十日，到十八落灯，形成了中国历史上最长的灯节。乾隆中期以后，元宵节灯会逐渐兴盛起来，一直延续到太平天国时期。在此之后，这些东西都被禁止了。1864 年，曾国藩攻克南京，战后的南京城一片疮痍，为了恢复昔日的景象，他自己在秦淮河上带头坐灯船，灯市又逐渐兴起来了。

我认为正月十五看花灯的习俗还是以民间自发的形式为主，反正那天晚上不禁夜，大家可以出来逛逛，散散心，商人可借着这个机会卖东西。明代的三山街就有卖古董、雨花石、字画、小玩意的，相当于我们现在的夜市。当时南京还有个习俗：家家走桥，人人看灯。什么叫"走桥"？就是一种民俗活动，通常是妇女拿着香火在前面引路，后面的人跟着她，逢桥的时候大家一起过。走桥本身也是健身，又驱"百病"。

关于灯会的空间演变，早期是在宫廷里面，达官贵人观灯、赏灯；随着人的个性解放和人文精神的兴起，逐渐从宫廷走向民间大众；宋代以后，主要在南京城南的闹市区，与商业结合；明代及以后，秦淮河、三山街、皇宫的午门这一带都是人们观灯赏灯的地方；清代甘熙的《白下琐言》中专门提到正月观灯在笪桥是比较兴盛的，因为笪桥前面的评事街在当时是南京一个很重要的商贸区。十几年前有人讲秦淮灯会在清代以后是在笪桥，跟夫子庙没有关系，这个观点不完全正确。至少我在一八八几年的《申报》上就看到了反映秦淮夫子庙人家卖灯的新闻。[①]民国时期，灯会主要集中在夫子庙。新中国成立后，灯会也是在夫子庙，"文革"期间受到影响。1984年开始，政府为改革开放营造气氛，在南京的工人文化宫举办了第

---

① 《申报》1889年2月16日《金陵年景》一文有记："又一男孩，可七岁，颈戴一大圈有锁、有鍊，皆银也。同长者在夫子庙前买灯。灯已在手，长者正与卖灯人较锱铢。有以细针刺孩颈者，孩回顾，其人曰：'蜂也，勿动，我为尔捉之，尔但护视手中灯可耳。'孩果任其在颈上脱圈与鍊以遁。"另，《申报》1893年3月2日《卖灯构衅》一文，亦有关于夫子庙卖灯的记载："灯市以邗沟为最盛。秦淮钟阜之间，亦复争奇斗胜。扎灯者盖于此卜一年利市焉。新正以来，游人如蚁，毕萃于文德桥夫子庙前，凡翦缯裂帛状、飞禽走兽之属，藉获什一利者，亦莫不逐队成群，大呼卖灯。竹马儿童，争以压岁钱购灯，虽倾囊不吝也。"

一届金陵灯会。之后，秦淮灯会一直延续到现在。

秦淮灯会是一种民间社火形式，是一个历史文化空间，所谓“历史文化空间”，指的是一种四维时空坐标。如果把秦淮灯彩比作秦淮灯会中间一个静态道具造型，那么与此相对应，杂耍、舞龙、舞狮、高跷，包括刻纸、剪纸等一系列相关的民间艺术和民俗文化活动，就是其中的动态造型。老艺人借着元宵节氛围促销自己的产品。他们有一个规矩：顾客走到哪一家，哪一家就开始露一手，但是顾客过到别人家，这家就不能喊客回头。这就是大家互相约定的，否则会引起矛盾。

关于秦淮灯会的特点，首先是广泛的参与性；其次是丰富的民俗性，有各种民间文化活动；特别要提到的是，它反映了妇女意识的觉醒，具有一定的进步意义。旧时代中国妇女是没有地位的，男尊女卑。但是到了元宵节那一天，妇女，包括年轻的姑娘成群结队上街、走桥，在《上元灯彩图》画卷中就能看到这样的情形。

贺云翱（南京大学文化与自然遗产研究所所长、博士生导师）：有四位历史人物对秦淮灯会的形成、发展有重大的贡献。他们是：西汉汉武帝、东汉汉灵帝、明太祖朱元璋、明成祖朱棣。

灯会最早实际上是从汉武帝开始的。当时每年第一个月的月圆之夜，也就是正月十五，汉武帝都要举行一个很重要的祭祀太一神的活动。当时的“夜”就叫“宵”，第一个“宵夜”，实际上就是元宵。夜里祭祀就要张灯，张灯的时候，出现了灯笼这种手工艺品。我们讲灯会，首先要有灯笼，灯笼是从哪里来的？为什么要有这种祭祀性的活动？就是从汉武帝开始的。

第二位是汉灵帝。汉灵帝信仰佛教，佛教有个规定是在正月十五这一天要燃灯拜佛，在印度，人们要去祭拜佛舍利，纪念释迦牟尼。这样一来，汉灵帝就给原来祭拜太一神的张灯活动增加

《上元灯彩图》（明·佚名）

了佛教的内涵。南北朝时期，佛教广泛传播，南京作为南朝的都城，挂灯活动的范围有所扩张，张灯的行为也走出了宫廷。但现在留下来的南朝资料中提到扎灯、挂灯、张灯这种行为的，主要还是皇帝或者高官写的，这就说明很可能在南朝的时候，这种赏灯活动主要还是以在宫廷为主,民间还未必形成多大的影响。到了唐代，赏灯活动已经开始向民间推广，比如当时的长安灯会。

明太祖朱元璋把赏灯的时间延长为十天，形成了广泛的社会影响。他亲自参与灯会，比如搞灯谜，在秦淮河里面放水灯——荷花灯，这也是为什么荷花灯特别受欢迎的原因之一。明成祖朱棣则给官员放假十天去赏灯。这两个皇帝，一个自己参加灯会，组织活动；一个把灯会时间延长，带动老百姓来参加。这样一来，从国家的层面倡导举办秦淮灯会，整个社会的参与性就被推动起来了。

在明代的古画中也能看到南京当时的赏灯情形。明成祖朱棣时，在午门之外，就是在现在明故宫的御道街上面张灯。御道街向南延伸就到了秦淮河，然后再向西就到了内秦淮河，这样就让宫廷和整个的秦淮河区域连在一起，也就意味着国家的赏灯和民间的赏灯结合起来了，推动了秦淮灯会的发展，造就了“秦淮灯彩甲天下”的故事。

高安宁（原秦淮区文化局局长）：秦淮灯会在我的记忆当中是一年比一年搞得好。1977 年，我 20 岁，是秦淮区的一名群众，听说夫子庙搞灯会了，我叫上发小就去看灯会。那次灯会是自发的，不是区政府组织的，就是各个民间艺人把自己扎的灯带到夫子庙去卖，当时我们感到气氛很热烈。

最开始区政府办灯会不是按届来，从 80 年代开始，就按届来搞了。1999 年,我到文化局当局长,一直到 2007 年,当了 8 年局长。

1987年2月的夫子庙明德堂（胡德文　摄）

在我的印象中，灯会真是一年比一年搞得精彩，灯的数量一年比一年多，灯会形式也是一年跟一年不一样。我在当文化局局长期间，秦淮灯会主要在夫子庙大成殿办。2003年开始，区政府要求灯会要让全市老百姓都能够看到，要多设几个点，从夫子庙大成殿扩展到江南贡院、白鹭洲等一些地点，我记得是7个地方同时搞灯会。这个灯会搞得很热闹。我讲这个灯会、灯型、灯市，叫“三灯联动”，搞得很好。后来灯会沿着整条流动的秦淮河发展，又放到了中华门城堡，放到了明城墙上。

还有一个重要的发展，就是我们到境外、国外办灯会。境外比如到台湾，搞海峡两岸灯会。我们秦淮的扎灯艺人到台湾去，台湾的民间艺人也到我们秦淮来，或者我们联办。比如“苏台灯会”，江苏省和台湾地区联合在我们秦淮夫子庙办。还有秦淮灯彩艺人到欧洲，到美洲，到大洋洲，到东南亚等地，秦淮灯会走向了世界。

这么多年，我看他们的一些图片资料，我觉得这个灯会真是越办越精彩，越办越受群众的欢迎。

丁雪飞（原南京市秦淮区文化局副调研员）：秦淮灯会大概是从1984年起正式举办的。粉碎“四人帮”以后，国家逐步修复了一些夫子庙的古建筑，在1983年春节的时候，很多市民以为灯会要恢复了，便跑到夫子庙来看灯。我们有的同事说，很多人到夫子庙，他们以为这里有灯会，结果没看到灯，非常失望。后来区政府也意识到这个情况，区长井安富对这一块儿挺重视，决定下一年一定要举办灯会，他说我们夫子庙的古建筑已经初具规模，在太平盛世的年代一定要把我们夫子庙传统的品牌打出来。他希望文化局把这个工作承担起来。区里面给予人力和物力上的支持，那个时候大成殿工程已经竣工，举办灯会之前给了一些启动资金，启动资金主要解决了电的问题，还要解决一些设备方面的问题。第二年春节的时候，我们就举办了灯会。

秦淮灯会由三个方面组成——灯会主场、灯市、灯彩。灯会在夫子庙的大成殿里面举办。灯市在大成殿的右侧，贡院西街这一块儿。大成殿后面有一个尊经阁展览馆，举办民间艺人彩灯的展览，这里边展出的算是精品灯，现在看来也不一定很精致，但就当时来讲，是挺精致的。

刚开始举办的时候我们遇到了很多麻烦和困难。首先就是灯源的问题，当时灯的来源、样式挺少的。每年大概在10月，我们就开始组建队伍，动员各个部门，每一个部门抽调一两个干部下基层，到各个单位去组织彩灯制作，也向灯彩艺人征集。总体来说，那个时候人还没有这方面的意识，企业也挺困难，你想去要一盏灯是不容易的。所以一开始灯的体量不是很大，灯会规模挺小，也比较简陋。在整个大成殿的外围我们悬挂了一些彩灯，是非常简单的灯：比如

秦淮河

教育局送来的一些灯，很粗糙；比如学生扎的火箭灯，是非常小的一盏灯；还有一些民间艺人，扎的走马灯，体量比平常卖的灯稍微大一点。这些加起来实际上也就是所谓的灯会了。即便是这样，市民已经非常开心了，觉得夫子庙有灯会了，都相互传颂。

当时我在区文化局做一名普通干部，参与了民间艺人的一些普查，跑了很多人家。我们还组织了一个民间灯彩协会，会员有三百号人左右，吸纳了不少民间艺人。我们通过协会联络灯彩艺人，请他们帮助一些没有能力扎灯的中小型企业，同时，企业出资金给这些艺人。灯彩艺人们也挺高兴，他们平常扎的是一些小小的兔子灯、荷花灯，现在能扎一些大型的灯，对他们来说也是一种锻炼，能提升自己的扎灯技艺。后来，一些工厂还有学校也加入了，灯组采集工作才顺利了很多。

在这个基础上，灯会规模越来越大，我们的方案、组织工作越做越细。我们有市公安局和区公安局做的安全方案，还有消防大队做的消防方案。那时候夫子庙的人挺多，到正月十五基本上是走不动的。为了搞好灯会，市公交公司也参与进来。公交公司进来以后，能有效地把人员流量控制住。比如每一次去夫子庙的公交车就停在大行宫，停在太平巷，缓冲了夫子庙的人流量。我们还细化了灯会的展览方案，比如鸡年或者龙年，有一个主题灯，主题灯一定是放在大成殿最显眼的地方。我记得有一年的龙年，南京市第二机床厂送了一个二龙戏珠的灯柱，非常吸引人，声、光、电都有，还是动的。他们企业用了人才，把一些机械手段用到位了。

一开始，灯会的主办单位是秦淮区政府，还有区公安局、区消防大队、区工会、区工青妇这些部门来参与。之后市政府参与了灯会，叫“金陵灯会”。再后来，市总工会也来了，南京市的一些工厂、企业也都参与进来了。各大企业有许多的能人，工艺也

1989 年“金陵灯会”门票

非常精致，他们制作的灯都非常精彩，不仅造型美，还有一些动态的美，另外，也加入了一些游戏互动的项目。

场地安排方面也还好，大成殿刚刚建好，是主会场。刚开始，企业的灯都挂在夫子庙的一条街上，聚星亭挂上了灯，奇芳阁的楼上放了一个大型的厨师灯，永和园茶社的门口摆了一对狮子灯。之后，我们就尝试把灯拿到外面来，也不收票，老百姓非常欢迎，人很多，挤得水泄不通。记得有一次我从晚晴楼上下来，要到聚星亭去，二十分钟都走不过去。那一次，公安局和消防大队都觉得夫子庙灯会一定要保证安全第一，就把熊猫电子厂的一个灯放在聚星亭，用高的凳子和桌子架得高一点，让老百姓能看到，就能避免发生拥挤和踩踏事件。后来为了安全起见，我们把外面的灯全部拆下来，在大成殿里面展览。公安局的领导讲灯会要服从安全。秦淮灯会办到现在，我们没有出过一次安全事故！

○ 秦淮灯彩的前世今生

王露明（南京市非物质文化遗产保护中心原主任）：南京有两句俗语：“过年不到夫子庙不算过年”“到了夫子庙不买个灯，你就没过好年。”所以，逛灯会本来就是一种行为的艺术，这儿什么都有，热闹得很，看完了以后，它就寄托在一个物件——灯彩上。大人要是不买一盏灯，不提一盏灯，孩子不拖一盏灯，老人在家里边不点盏灯，这个年就没过好。这就体现了民族性。

另外，几十万人涌进夫子庙，只能贴着走。掉的鞋子、丢失的东西都不要了，他就是要到这儿来挤。我们到了这个年龄也是这样,外地的就更不要说了。人与人之间,那一天绝对是“零距离”。南京有一位曲艺演员就讲，他自打进了夫子庙，脚就没落过地。灯会时人与人之间的那种亲近感，从民俗的意义上来讲，就是以人为本。在那个时候，人与人之间真是一片祥和。

通过这几十年的传承和保护，秦淮灯彩已经是蔚为大观了。我们已经有了一个良好的、很出彩的开端，这是非常值得欣慰的。

陈颜鸿（南京市市级非物质文化遗产项目秦淮灯彩代表性传承人，江南龙灯厂初期创办人之一）：当时我们老门东就像“贫民区”一样，十家有八家会做灯。因为大家经济来源少，平常会带着做做灯,过年的时候到夫子庙去变现钱。人家过年,我们不过年,只有过了十五、十八，灯都卖掉了，有了钱，再买肉吃，我们才开始过年。

我们扎的一般是飞机灯、狮子灯、兔子灯。扎灯的人比较多，但扎得好的人不多，一般都讲“糊灯”，糊出来的灯粗糙得很。飞机灯做得非常大，因为平常我们不烤篾子，弯一弯就直接用，不像现在还要用酒精灯烘烤，造型追求精细。那时候我们只管做出来能卖钱就行。当然，也有扎得好的人，宋家荷花灯在当时是最有名的，他们在库上[①]那边，石观音后头那个地方。

---

① 库上：街巷名，今已废。位于江宁路南端西侧，边营东端。明代留守后卫供应库在此，后成街巷，名“库上”。1966 年并入边营。（参考《南京地名大全》，第 528 页）

“金鸡报晓”灯

龚文新（“秦淮图库”创建人）：花灯的价格也是一步步涨上来的，从十块钱起，一直涨，到 2007 年、2008 年以后，这个灯的价格张到一两百。它有大有小，小的自然便宜点，有的很大，也就贵一点。大概在秦淮灯会项目申报国家级非遗被批准的三四年以后，灯价就突然涨上去了。我还戏称，他们灯彩艺人做的鸡灯，比市集上草鸡老母鸡卖得还贵。

○ 陆氏灯彩

陆有文（江苏省非物质文化遗产项目秦淮灯彩代表性传承人，陆有昌哥哥）：祖父以前是扎灯的，然后传给我父亲。我父亲是账房先生，母亲是教师。我两岁时，弟弟出生了，弟弟出生后大概半年左右，母亲中风了，过去讲“受凉了”，一条腿动不起来，她学校里面教学的收入就没有了，只靠我父亲，家里生活难以支撑。我父亲就开始在春节期间把祖宗传下来的东西拾起来，他也有这个兴趣，他做一做，然后就把我们带动起来。

一开始就是看一看，玩一玩，然后逐渐受一种思想支配——在那个年代，重工不重学，社会对制造业十分重视。在这种情况下，我父亲的思想，也是当时大家普遍的思想，就是“荒年饿不死手艺人”，只要有一个手艺，比什么都好。我父亲建议我们兄弟最好跟他一样，对灯有个了解，假如遇到特殊情况还可以生存。做灯的话，我们也有市场，不像剪纸，市场差一点。那时虽然没有灯会，但夫子庙泮宫那春节期间有个杂耍市场，我们能到那卖一些灯，挣一些钱。

我和我弟弟俩就在父亲的安排下跟他学习。他既是父亲，也是师傅，家庭传承比社会传承还要精细，严谨度很高。过去讲“恨铁不成才”嘛，动不动就给个“毛栗子”①，弹三个、六个处罚。临近春节的时候一般都下雪，那个雪多深啊，父亲甚至罚我们到雪地上冻十分钟。他认为这个东西我们应该能做好，为什么做不好，那就证明思想不专一。我们这不是搞科技，思想专一后就很简单，什么事都好办。他们老一辈认为根苗要从小开始把它扎好。在这种思想指导下，我想我们打下了一种坚实的基础。

陆莉（陆有昌女儿）：新中国成立前，我爷爷家跟别人合作开粮站，他读过私塾，算是个文化人。我奶奶那时候是窑湾街②小学校长，后来生我爸爸，得了中风，就瘫痪在床上了。新中国成立后，我爷爷被分配到蔬菜公司，他好像是会计。我爷爷的弟弟被分配到盐城，在邮政局工作，现在也早已经去世了。

---

① 毛栗子：当地方言，形容弹脑瓜。

② 窑湾街：位于中华门外长干桥西南侧。东起见子桥，西至南珍珠巷。传明代筑城时在此造窑烧砖，名窑窝，故后成街，“窝”讹为“湾”。（参见《南京地名大全》，第868页）

兄弟合作扎制大型宫灯

我爷爷可能对大伯、父亲比较严格，但对隔代的我们都很慈善，他很喜欢我们。

陆敏（江苏省非物质文化遗产项目秦淮灯彩代表性传承人，陆有文儿子）：我叫陆敏，曾用名是陆德敏，为什么有个“德”字呢？因为我在陆家的辈分里面，是“德”字辈。我生在一个灯彩世家，我是秦淮灯彩陆氏的第四代传承人，上面有叔叔和父亲，都是从事灯彩工作，而且在灯彩上面获得了一些荣誉，比如我叔叔是国家级传承人，我父亲是省级传承人，我也是省级传承人。我从 8 岁开始学习灯彩，在祖父的教导下，进入灯彩行业，当时我上小学一年级。

小的时候，父亲和叔父兄弟两个住在一起，每年都一起制作灯彩，春节去销售。我兄妹三个从小耳濡目染，有时候帮帮父母和叔叔婶婶做一点事，毕竟上学时也有8岁了，已经有帮忙的意愿和能力。那会儿不像现在，作业从早做到晚，还有课外安排。我们礼拜六做完作业，礼拜天一天基本上都是自己的时间，自己玩都可以。早晨睡一个懒觉，中午去婆婆家玩，吃中饭，吃过中饭回来，帮父母做荷花瓣子。灯彩这个东西，基本上是在平时制作，一年制作三个多月，年初一到十八在夫子庙销售。

做荷花灯有个浸染的步骤，黄颜色特别容易掉。那会儿做这些手艺不被社会承认，总认为不是件很光彩、很高尚的事。我们上学时，每天要求做早操，伸展运动需要把手打开，那会儿就觉得很难过，恨不得把手握起来，握成拳头才能伸出来，因为手上全是颜色，有黄颜色，有红颜色，有绿颜色。在学的过程中，我也是受了不少苦，甚至挨过我父亲的一个巴掌，就是因为自己在制作过程中没有完全按照他的要求去做。

以前，南京做灯的，能够叫出来的也就三四十户人家，相对集中在城南的门东、门西。那时候是业余的，也做不了多少，大概一年总共做几十个。有一段时间不让卖灯，把这当成投机倒把，还会有人抓。有带袖标的执勤人员，抓到人就罚款。有人就被抓到过，罚款基本是5块以上。罚款还不是主要的，主要的是难看。当时社会不承认这种做生意的行为，我们在销售的时候，也觉得低人一等。那时大家的生活仿佛都是一样的，统一在一条水平线上面，没有什么大区别。我父母一个月拿三十几块钱，但住宿、医疗，我们上幼儿园、小学、中学，国家都有保障。所以那时社会上不提倡做生意。我们之所以还做灯，一是为了贴补家用，二是不想丢掉祖传的东西。

第二章

陆有昌和他的爱人

陆氏灯彩是秦淮灯彩世家的代表，陆有昌与其兄陆有文为第三代传承人。父子相传的模式使陆氏兄弟的手艺有了坚实的根底。“先做人，再扎灯”，父亲的叮嘱被兄弟二人铭记在心。他们还在祖传手艺的基础上进行了创新与改革。2009 年，陆有昌被认定为国家级非物质文化遗产秦淮灯会代表性传承人。从一开始的扎灯糊口到走向自觉的艺术追求，从艰辛岁月到幸福晚年，爱人刘红始终陪伴在陆有昌身边。他们都出身于手工艺人家庭，对手艺的热爱与坚持是二人共同的信仰。在将近半个世纪的婚姻中，灯彩始终是他们生活的重心。对陆有昌而言，一生挚爱除了妻子，便是灯彩。

陆有昌、刘红夫妇与荷花灯

相识在第四印刷厂

27 岁那年，我结婚了。我爱人叫刘红，那年她 24 岁。

我们同在南京第四印刷厂[①]工作。我爱人以前是学会计的，进入第四印刷厂之后，她在装订房当组长，搞书、本子的装订。我是江苏科技学校[②]毕业的，拿了毕业证书，不过后来觉得它没啥用，也不知道证书掉哪去了。毕业之后，我进了第四印刷厂

年轻时的刘红

年轻时的陆有昌

① 南京第四印刷厂：位于南京市柳叶街 68 号。经营各类包装、社会印刷品，专印长途汽车客票。

② 江苏科技学校：据陆有文先生讲述，陆有昌先生初中毕业后在江苏科技学校读书，地址在明故宫附近，该校办了两年就停办了。根据时间推算，以及陆有昌先生曾说其所学专业是无线电，疑为原民办无线电职业中学。该校目前为南京市第五十四中学。据《玄武区志》（方志出版社 2005 年版），1958 年春，全国兴起大办农（职）业中学高潮。当年秋天，玄武区开办 5 所职业中学，其中便有无线电职中。1960 年 1 月 8 日，玄武区委常委会会议决定，进一步掀起大办无线电工业的热潮。1961 年，无线电职中迁至后宰门西村 180 号，正在明故宫附近。因年代久远，陆有昌、陆有文先生所说或有不准确之处，此处仅依据有限的材料作此推测。

当学徒，在机器房脚踩机器，每天干 8 个小时，苦了一段时间。讲个狂话，我脑筋还是蛮聪明的，机器坏了，我都能修。就这样，领导提拔了我，升为设备科科长，让我去管全厂的设备。设备坏了，报到我这里来，我亲自带着工人去修。在这里我认识了我爱人，后来我追她，就在一起了。

年轻的时候，我们也有一些其他的爱好。我喜欢玩摄影。那时候我们自己有个小照相机，135 相机，装胶卷的，拍得好的就送到外面冲洗放大。那时候有台小 135 照相机就不得了了，现在我们还有一些年轻时候的照片。我有一块上海手表，现在还戴着，当时我一个月 27 块钱，这块手表是 100 多块钱，花了几个月工资买的。几十年下来，想擦擦油，都没有哪个钟表店

心腹桥旧居房间内的花篮灯

老师傅敢替我擦。为什么呢？因为表是上海的，万一里面有个东西坏了，没有办法换修。这块手表准确度一直还蛮好的。

相机、手表都是结婚前买的，结婚的时候我们买了一台收音机，是无线电厂生产的三菱牌收音机。后来电视机出现的时候，我根据北京牌 825-2 电视机图纸，自己学扎电子管的电视机。毕竟我是无线电专业毕业，有一些基础，我在外面几个店淘了一些废的电子管，按照图纸慢慢装，就这样扎了 4 台电子管电视机，一台也就几十块钱。现在电子管淘汰了，都是晶体管，看液晶电视，但那个时候有个电子管电视机就很了不起了。毛主席逝世的时候，大家不是都喜欢看悼念毛主席的节目嘛，我每天下班，还没到家，家里人都坐满了。那时候生活困难，多数人家里都没有电视机，家门口邻居就一起来看。每天晚上看完电视后，地下能扫出一簸箕的香烟头。

我们在一起，她们家是不愿意的。我穷。哪一家都想姑娘嫁个条件好的人家，谁愿意嫁给穷人家呢。结婚的时候，我家叔叔从盐城买了一辆飞鸽加重自行车，结婚钱不够，我们俩没有任何人赞助，为了成立一个家，我把自行车卖掉了。按理由讲，男方应该给女方买东西，但是我拿不出钱，什么也买不起来。当时我们也没有房子，就租了人家一个 12 平方米的小房间，凑合过日子。后来那个地方要搬迁，我们也就搬了几次。我们在私营厂退休以后，拿了退休工资，条件好一些了，加上我家女儿贷款才买的秦虹小区的房子，有 100 平方米。现在我们才比较好一些，稍微享福一些。

结婚以后为了补贴家用，早上 5 点多钟我就出去开“马自

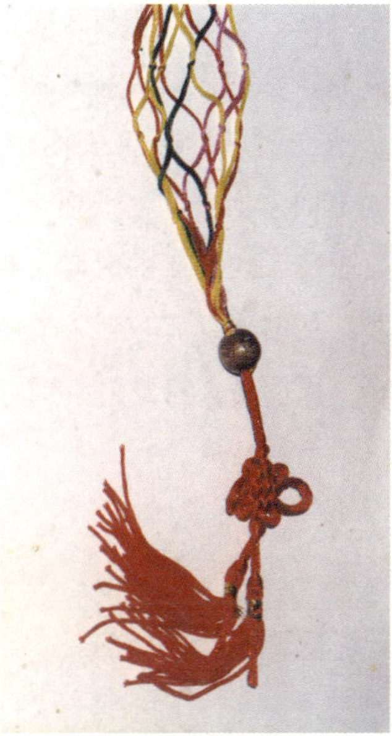
刘红女士编的鸭蛋络子

达”[①]，那时交警没上班，等7点钟交警上班后，我就带着烧饼油条回来了。早晨要是没生意，我也就只能空着手回来。我爱人非常节俭，买油都舍不得开着“马自达”去。她拎个壶，弄个铁桶，推着自行车去买油。春天，我们去外面田里面挖野菜，下班到菜场捡菜。我们什么事都干过，就是小偷、强盗没干过，不偷人家的，也不抢人家的。我自己苦挣两个钱，吃得心里舒服。在印刷厂上班时，中午带点米饭和头一天的菜去吃，晚上回来我们俩在家烧饭，那时候没有煤气，烧的是蜂窝煤，吃吃饭，听听收音机。现在上岁数了，条件好一些了，我们仍然很节俭，上顿吃不了的留到下顿，从来舍不得倒掉，我家女儿要倒，我们是舍不得的。

我们能走到一起还有一个原因是两个人都是手工艺人家庭出身，我们的爱好基本上相同，不约而同就走在一起了。她家里专门做笼绳，所以我又多了一个帮手。她嫁到我们家以后从

① 马自达：南京方言，系指载客用的机动三轮车，样子像脚蹬的三轮车，用引擎驱动。该俗称借自日本一汽车公司名，取其有马达可自动到达之意。（参见《南京方言词典》1995年版，第54页）

来没嫌过我。我把我爱人带到这个圈子里来，她一直跟我学扎灯彩，帮我做灯。她跟我几十年，吃了几十年苦，现在老了，仍然在做灯，歇不下来。年轻的时候，我们白天在工厂上班，晚上回家加班干，干到十一二点，甚至一两点，第二天早上照常上班。快过年的时候，我们就挑着灯出去卖。我记得是“文革”的时候，有一年下着雪，我们夫妻俩把一竹竿灯抬到文德桥下面的乌衣巷去卖。老百姓在夫子庙买不到灯,看到我们卖灯，一下子就给抢空了。

一生挚爱是灯彩

一开始我们跟父亲、哥哥一起做灯。后来年龄大了，添了小孩了，磕磕碰碰难免都有的，也因为工作关系，他们单独做了，我们也单独做。我跟我爱人，带一个女儿，那时候女儿还小。

在办厂之前我跟爱人就在家里做灯，做完堆一屋，然后过年上夫子庙去卖，初一到十五，我爱人、女儿和我一起去卖灯，卖完才算休息。开玩笑说，人家是过年，我们是“遭殃”。

我的爱人在扎灯上出了不少好点子。她做的一些彩灯，很有独到之处。比如兔子灯，现在国家鼓励生二胎了，她就把兔子尾巴去掉，加了一个头，成了双兔，很符合大众的心愿。女儿、女婿也非常支持我们做灯，他们在工作之余都会来帮忙。另外，小外孙在夫子庙小学读书，有空也会帮帮忙。我们出去讲课的

夫人刘红与女儿陆莉

时候，我在上面做理论分析，我爱人带着小外孙，还有我家女儿教他们做灯。

几十年来，我们也得过一些成绩，获过一些奖。有一次十几个记者非要看，我们花了好长时间把箱子拖出来，他们一个个地拍，他们拍完走了，我们可就受罪了，两个人花了一两个小时才还原。我想这不只是因为我们灯做得好，还因为我们夫妻俩做人低调。以前上海有个姓陆的，跟我们是本家，是豫园的老总，每次快过年的时候，开车子过来，带着秘书来拿灯。有一次他给我们的钱多出了两万块，我爱人如实退给了他。还有一次在卡子门，我们为一个商场做灯，当时已经谈好了价钱，说定等春天的时候摆在商场里面。我跟我爱人做出来以后觉得不对，因为那个灯不值这么多钱，我们主动退钱给他们。他们死活不肯接受,后来跑到外面买了两条香烟送给我。有一年夏天,我去浙江进材料,买完材料回到招待所,没一会儿那个人打过电话来,说多给了一份的材料,我打开一看,确实是两份的货。我跟这个供货商还不熟,要是其他人我不知道会怎么做,但我还是挤公交给他送回去了。这也算遵从了父亲的教诲:学灯易,做人难;学做灯,要先学做人。

现在我跟我爱人不怎么做大灯,摆不下,主要扎一些小灯,扎好摆在箱子里,到年底,就有人来全部拿走。做多少卖多少,所以我们不去夫子庙卖灯了,但是我家哥哥陆有文会在市场上销售灯。我家哥哥有两个男孩、一个女孩,他们都从事这个工作。虽说我跟哥哥他们分开做灯,互相走动还是比较多的,他们缺材料就到我们家来拿。因为我们以前办厂时,我爱人负责购置材料,对金桥、银桥这样的地方比较熟悉。每年我跟爱人都去帮他卖灯。卖灯也是很有技巧的,这个灯摆好以后,买灯的有老年人,有小孩子,小孩子分男孩和女孩。要是夫妻俩带着小孩来,如果是女孩子,我们就拿荷花灯;如果是男孩子,我们就拿兔子灯、飞机灯。我爱人会主动上前跟小朋友沟通:“小朋友你喜欢哪种灯?”有的小朋友扭扭捏捏地

夫人刘红与兔子灯

陆有昌、刘红夫妇与鸭子灯

说："我喜欢龙。"有的说："我喜欢花。"或者，我爱人会跟小朋友说："你喜欢不喜欢这个小灯呀？这个小灯很漂亮。"我爱人就把灯直接递到他们的手上，让他们玩一玩，小朋友一抓到它们，就不肯拿出来了，父母就肯掏钱了。这都是卖灯的技巧。我们每年帮我家大嫂子卖灯，她家灯的价格比较高，如果前面围了很多人，有男有女，有老有少，还有记者什么人，我爱人就会主动介绍：这个灯是今年的新产品，是什么灯，为什么别人的价格没有我们的高，是因为这个灯做得怎么好，怎么精致……所以有很多人愿意掏钱买，拿回去做纪念，挂在家里面。

每年我都带着我家爱人上夫子庙绕一圈，看每家灯，从头一直走到尾，慢慢走，慢慢欣赏。我看哪家灯做得比较好，就记在心里面，回去做灯的时候，吸收人家的优点，在原有的基础上进行改进。三人行必有我师，我们学学人家的东西，取人之长，补己之短。还有就是，我们亲弟兄也会交流今年市场上什么情况，是好还是坏，是怎么回事，哪样灯出手比较快，哪样灯出手比较慢些。

如今条件好了许多，我跟爱人的退休工资拿到7000多块钱。我们仍然做灯彩，也算补贴家用，这样生活就不苦了。现在女儿、女婿、小外孙跟我们住在一起，我们几个人一起开火。我们不会打牌，也不会跳舞，一天到晚就喜欢在家里做灯，脑袋瓜里头整天想的就是灯，也丢不下来。不过岁月不饶人，我们70多岁了，即使做很轻松的手工，一坐几个小时，也会腰酸腿痛。

陆有昌与家人在心腹桥旧居

议彩话灯

○ 家庭情况

刘红（陆有昌爱人）：我是1946年生的，17岁进厂，24岁结婚。我大概是1963年到第四印刷厂干活，搞装订。当时工作要先做4年学徒，第一年拿10块，第二年拿16块，第三年拿18块，第四年拿19块、20块。我们那时候年纪轻，老年人当师傅，我们要给老年人倒倒茶，代他们买买东西，同时学点手艺。

那时候家庭条件比较困难。我从10个月大就没有妈了，老子在外面不管我们，我是爷爷奶奶带大的。从上小学起，日子就很苦，学费3块钱都交不上。小时候我们真是吃了上顿没下顿，有就吃，没有就不吃。我在小学读书，放学背着书包回到家，一看有饭，就挖点饭，弄点小菜吃吃，要是没有吃的，回家就泡点水吃吃，眼睛水汪汪，下午就去上学了。我们家是大家族，搞灯底下的须子的。我老早就记得，家里做须子，要排须，像织布一样的，织过来，织过去。后来每年到端午时节，我们还做鸭蛋络。

做学徒的几年里，我因为做事情比较认真，时间长了，领导把我提升为小组长，带着他们老一班的人做事。当然，吃苦的事情是我们年轻人做，老年人做现成的事情。我们是一个单位的，当时他在搞机器。大概在做学徒后半阶段，20岁左右时，他开始追求我。当时我不同意，最后结婚时我家人都还没同意，意思是这么苦的人家，结婚以后要继续过这个苦日子了。他们还是想让我找个条件好一点的人家。但是我觉得他这个人能干、很聪明，不管什么东西，他一看就会。当时我想，以后就是苦点，两个人相互鼓励，一块分担，估计也会好起来。后来我就答应他了。

结婚的时候，我家人一分钱没掏。我自己平常休息时就做外活，给人家纳鞋底，纳一双一毛四，然后做鸭蛋络、打笼绳苦点钱[1]。那时候女同志结婚要买一个马桶、一个盆，我自己又买了一块手表，就这样跟他过起了日子。婚后的日子确实很苦。我们两人工资加起来一个月54块钱。我继母没有工作，做家庭妇女，每个月我们要贴她钱，这样一家10块，我们就剩34块，生活很拮据。平时，中午弄几个辣椒炒炒就吃了，难得两个休息天买点肉烧烧，那时候肉很便宜，一斤七毛几分钱。我们早上还去开“马自达”。我身

陆有昌在玄武湖

① 苦点钱：当地方言，意为通过辛苦劳动赚钱。

体不好，老是怀孕抓不住小孩，结婚9年以后才怀上我家女儿，后来歇一年没上班。生了女儿以后生活更困难了，虽然后来他的工资涨到103块，还要到湖边去搬鱼，搬来鱼之后舍不得吃，我就用个箩沿街卖，用卖的钱买点米，买点油，买点小孩吃的奶粉。那时候奶粉很便宜，一袋子三毛几，或者冲点米粉，糊给她吃。我们就是这样过来的。

他从小身体不好，家里做灯，婚后我就跟他学做灯，到目前为止做了几十年，在灯的艺术上面来讲，我们还是掌握得不错的。一开始，说不上兴趣，或者喜欢，也不是为了追求艺术，只是要靠它苦点钱，补贴家用，糊口生活。扎灯、卖灯，换了钱，能买点米，买点油，交交学费，买买书本。那时候是六几年，是相当困难的。现在不一样了，灯彩成了工艺品，讲求传承，我们自己也求革新。要是有爱好的人跟我们学，我们也愿意把它传承下去。

陆莉：我是1978年生人，从小跟堂哥堂姐一起长大。那时候我父亲跟哥哥兄弟两个生活在一起，那是一栋二层楼房，一楼住着别人家，我们两家人住在二楼，一共两个房间，一个大一点，一个小一点。还有一个类似阁楼的地方，是楼梯上去跟别人家连接的地方，有两个平方米，也能住人。后来那个地方拆迁，我们就搬到了秦虹小区，在秦虹小区住了十多年，但秦虹小区楼层比较高，我爸上下楼不方便，我们又搬到了现在这个小区。

陆有文：1958年，我去了汽轮电机公司，在那儿一直工作了将近40年。我被分配做模具雕刻工，其实就是做木雕，木雕讲究形似或者神似，做模具很讲究尺寸，一毫米都不能误数。这样几十年磨炼下来，我养成一个对任何东西都精细的态度。

弟弟初中毕业后考取了江苏科技学校，在明故宫、瑞金商

陆有昌与家人在原白鹭洲体育场制作骆驼灯

场那块儿，学校没办两年就停办了。后来他搞印刷，印刷就包含美工的一些技术，估计他在那儿吸收了营养。

我家兄弟善于做大的，大东西的预算、色彩、样式，他非常擅长。他攻大的，我就专攻小的。这个其实也与个人的性格有关，强求是不行的。我家兄弟性情直爽，做事干练。我做事呢，瞻前顾后、踌躇不前，生怕自己做不到。随着时间的推移和年龄的增长，以及在美术方面的积累，今天的我已经比较开朗了。

○ 家学与坚守

高安宁：说起陆有昌，我认为他是我们秦淮灯彩艺人的优秀代表，也是秦淮民间艺人的优秀代表。在秦淮河边，在老门东，在夫子庙地区，有许许多多的民间艺人，也有不少的灯彩世家，陆家的叫陆氏花灯，是其中有特色的一家。陆有昌、陆有文弟兄两个都很有名，他们年轻的时候就住秦淮河边。我记得陆有昌父亲叫陆开明，人很开明。陆开明也是老艺人，很早他就说过："我是扎花灯的，我们家要传承。"陆有昌 10 岁的时候就跟父亲学扎花灯，他父亲对手艺要求很高。我们现在讲，做事就要干一件爱一件。陆有昌从小受到很好的熏陶，得到很好的传、帮、带，所以他的扎灯技艺非常高超。

丁雪飞：陆有昌家里面的情况和很多民间艺人差不多，但他们家或许更加困难一点，特别是住房条件。我去他们家很多次，当时陆有文陆有昌两家人住在一起，一个两室的房子，很小。陆有昌三口睡在一个房间里，大概五六个平方米，好在孩子那时候还小。他们家还有一个沙发，白天是折叠的，晚上把它拉开，也可以睡。除此之外还有一张桌子，整个房间就这么几样东西。

他之前在集体企业做车间主任，条件挺差的。在我们普查以后，他觉得政府对他们挺重视，对民间艺术挺重视，所以他和哥哥在这么困难的情况下，还在研究和创新秦淮彩灯技艺。

贺云翱：据我看到的材料，陆家三代以上，至少在民国时期，就已经在做灯了。民国时期的这些灯艺，又是从清朝传承下来的，这样一来，它就是传承有序的。而且，他们生活在秦淮河的岸边。我想，三代人耳濡目染，三代人参与，随着时代的进步不断吸纳各方面的技艺，到现在包括计算机技术和一些现代化机器，都能够进入这门手艺。所以说，灯彩艺术既有深刻的历史积淀，也有非常好的家学传承，同时也能够与时俱进。秦淮灯会的传承人被定为是陆先生，大概是因为他在这几个方面占有先机，传承久远又有家学，他个人也勤奋好学，不断推陈出新。而且他还有一个团队，背后的力量也是很重要的。我们希望秦淮灯会甲天下，也希望扎灯技艺能够甲天下，陆先生作为带头人和传承人，应该拥有这样的地位，发挥这样的作用。

龚文新：应该是1996年春节前，我认识了陆有昌。南京有家地方报纸叫《服务导报》，是新华日报社底下的一份早报，它的晚报叫《扬子晚报》。《服务导报》当时很红火，一大早就发行了，跟牛奶一起被送到居民家中。报纸方面向我约稿，要我拍一些秦淮灯彩艺人在过年前制作灯彩的照片。我把秦淮灯彩艺人的情况告诉了《服务导报》，主编选中了陆氏兄弟，也就是陆有昌和陆有文。报社觉得兄弟做灯彩很有由头，很有看点。后来我分别到陆有昌和陆有文家里拍摄，也是在那时候认识了他。后来报社用一个专版发了他们兄弟两个制作灯彩迎新年的照片，是黑白的。那时的彩色报纸很少，基本上都是黑白的。我现在还保留着那一组照片。

社会多棱镜・百姓议是园　服务导报　1996・2・23（星期五）　3

奇人绝活

本版主持人：徐琛

结灯彩　扎风筝
陆氏兄弟“二人转”

陆有昌：放飞风筝度新春

陆有文：张灯结彩迎佳节

1996 年 2 月 23 日《服务导报》第三版刊登对陆氏兄弟的报道（龚文新　提供）

2020 年陆氏全家福（前排右二为陆有昌）

至于他们在灯彩界有什么样的地位，我不太清楚，也不能乱讲。但我晓得他们做得非常好，是佼佼者。那时候在秦淮来讲，大家公认灯彩做得好的也就是四五个，其中就包括陆氏兄弟，也有顾业亮的师父李桂生，还有曹真荣、毛金海。大概就是这么多人。

王露明：我们讲秦淮灯彩八大家，我印象最深刻的是三家。其一是李家，李家就是顾业亮师承的这一家；其二是陆家，就是陆有昌和陆有文这一家；其三是曹家。这也就是我们讲的“李陆曹”。这三家的确代表了秦淮灯彩技艺的最高水准，他们的作品是绝对能拿得出手的。简单来介绍的话，我认为李家的灯是一个“气”字，就是气韵。无论是小件还是大件，他家的灯都有一种气韵贯通的感觉，仿佛有一股气在升腾，让人眼前一亮。陆家讲一个“精”字。若李家是大气之美，陆家就是精细之美。曹家占一个“巧”字，善于变化，他家的灯灵巧。

第三章

一个厂，一盏灯

2001 年，陆有昌与哥哥陆有文、好友陈颜鸿合伙筹资成立了秦淮灯彩首家注册企业——江南龙灯厂。“江南龙灯厂”这个名字蕴含着陆有昌执着的信念——“要扎就扎最难扎的灯！”由于经验不足，办厂第一年就亏损了两万多，好友与哥哥相继退出，只留下陆有昌一人独撑。2006 年，陆有昌扎制的荷花灯入选了国家邮政局推出的《民间灯彩》特种邮票,成为秦淮灯彩的重要名片。荷花灯成了邮票灯后，江南龙灯厂的知名度得到提升，工厂效益越来越好，甚至出现了“一灯难求”的场面。遗憾的是,2015 年，因场地、资金等问题，成立了十几年的江南龙灯厂不得不宣布解散。创办江南龙灯厂与荷花灯上了邮票是陆有昌人生的重要节点，也对整个秦淮灯彩行业产生了不可忽视的影响。

江南龙灯厂的产品及包装

江南龙灯厂始末

南京江南龙灯厂商标

实际上，我们还在第四印刷厂上班时，就已经在中山陵石人、石马附近租了房子，做灯彩。雨花台区公安局一个退休的局长替我们看门，我们比较放心，平常都不去，只有到了周六、周日，才想办法抽人过去做工。吃饭的时候，我们拿出从城里带去的菜，捡点山上的柴，几个人烧烧吃。创业还是比较艰苦的，我们当时顶多 30 岁，有精神，有体力。

南京市原来只有几家印刷厂，彩色印刷厂、人民印刷厂、五四印刷厂，后来印刷厂特别多，尤其是在誊印社也充当了印刷厂的角色后更多了。我们厂少了很多饭碗，在当时外头兴起下岗的潮流之前，我们就下岗了。

考虑到我们都是手工艺人家庭出身，2001 年 4 月，我们创办了江南龙灯厂。原来厂子设在卡子门 1 号，是雨花桥南边临街的一处 100 平方米左右的门面房，那儿之前是一个库房，地方很大。办厂的时候，有我哥哥，还有一个朋友，叫陈颜鸿，加上我的爱人，我们四个人一起干。头两年厂里效益不好，哥哥和朋友退出了。后来那个地方拆迁，我们就搬到双桥门来了，这样才雇了十来个工人。退休工人比较好雇，因为他们本身拿退休工资，我们适当地再拿一点工资，他们也就满足了，给的多了我们也负担不起。就这样，我们把这个厂子撑起来了。办厂

申办龙灯厂时的陆有昌

要起得比人家早，睡得比人家迟。早上比工人到的早，要开门，搞水电和卫生。我们搞灯彩的，肯定要干净，不能有灰，一落灰到过年时就不好卖给人家，哪个会要你的？还要给工人安排好生产，你做什么，他做什么。人家下班到家了，我们还没到家，我们到家还要再忙家务，忙到很晚。

为什么要叫“龙灯厂”呢？因为最难扎的要数龙灯，要扎就扎最传统、最难扎的灯。办厂后我们也确实扎了很多龙灯，给玄武饭店扎过两条龙，挂在饭店的门头上，还有给广州扎过一条非常大的龙，龙的身子是一节节分开做的，几十米长，好几十个人才能拖得动。我记得有一年山西一个煤矿厂在我们这订过龙灯。我们在厂里做好，用卡车给他们送过去，大年三十之前送到了，刚要回来，天下大雪，路被封了，我们走不了，

玄武饭店的龙灯

留在他们那过年。过年的时候，大家围着龙灯欢呼，那时候感觉蛮好的。除了大型的龙灯，我们也做小型的龙灯，像荷花龙。我自己还研发过九龙照壁灯，是依据北京的九龙壁做的。当然，我这么说不是吹嘘我们厂子有多大，其实我们就是个小作坊。我爱人会扎笼绳，做蛋络。端午节是娃娃节，一个蛋络里面摆一个咸鸭蛋，孩子把它挂在脖子上。每到端午前，好多饭店来订笼绳、蛋络。我们每年端午就做很长一段时间的这个生意。

我们有时会接到外面的业务，做龙什么的。做完外面的，我们就生产自己的东西，留着春节卖，每年大约从 9 月开始动手准备春节卖的灯，最迟不超过 11 月。对于一些比较成熟的工艺，我们是流水线作业。就像荷花灯，他们先跟我学，然后每人负责

工人在江南龙灯厂门口扎灯

江南龙灯厂工人在扎兔子灯

一道工序，有的扎架子，有的扎花头。流水作业有一点好处，他们每个人专做一样东西，比较熟练，做出来的质量比较高。

但也有些事情需要我们自己来做，比如设计新产品、厂里进货。我曾经学过电工，再复杂的电路都是我自己设计、制作、安装。好几米长的大灯，我要自己爬上去焊。美工也是我干，除非时间来不及了，就要请人帮忙，但是请外面的人还要花钱。50 多年来，我一直都这样，一些重要的事自己动手，很多事情都是独立完成的。厂里面进货是由我跟我爱人负责，我们的进货地点有好几个，有的在南京，有的在苏州，有的在浙江。我们进一次货，就多买一些。苏州不是丝绸多嘛，我们用到的丝绸一般都从苏州进。苏州的丝绸，一个红色就有七八种，浅红、大红、玫红、夕阳红等。为什么我们不让厂里人去帮忙进货，就是因为这个，怕他不晓得买哪一种，但我们自己心里有数，知道要哪一种。另外，虽然说我们的成本有限，但也不能拿坏的材料做灯蒙人家，你蒙人家一次，就没有下次了，社会影响就没了。所以我们自己去进货，也是为了看好质量。

我们在双桥门做得还不错。我们虽然名气不大，但在社会上也算有点影响。我们做的很多灯彩，在家门口一传十，十传百，就传开了。我们有“开瓜见子”灯，还有仿北京的“九龙壁”灯，在外面知名度很高。电视台等媒体经常来采访，到我厂里拍，都是一下子工夫，来一部机器，拍过就走，然后告诉我们哪一天播放，哪一天上报纸。我会多买几张留着将来做个纪念。每次报纸的人一来，或者电视台的人一来，门口人一起哄，也会招来更多人，所以我们对这些还比较熟悉。不过我们干活都

2002 年春节期间，江南龙灯厂的作品在夫子庙聚星亭展销中心展示

是流水作业，你一来采访，我们这一套就要停下来，停下来以后，几个人都要停了，但是也不得不采访，不得不应付。这是龙灯厂最发达的时候。

当时有个日本人，是来自长崎的客人，通过上海的朋友介绍到我们厂来，进行实地采访。我们国家有沿海渔民在长崎生活，那有条旅游街，他们也会过春节。这位日本友人进门后高兴得直拍手，还问我会不会讲日本话，我说我中国话还讲不好呢。他跟我说：“我终于找到了！”他只喜欢手工制品，再好的东西，他看不到生产过程，心里就不舒服。我们的生产车间那时候在土城头，虽然很乱，破破烂烂的，但是他却很高兴，因为第一眼看到的是生产材料，所以他跟我们定了样。他还在地下捡了一小块料子带走，想回家照样子仿，结果没仿起来。他们定的是小荷花灯，底下没有藕，那是我们专门做的便携工艺品，当时刚刚做好包装盒。他问我价格怎么定，我跟他说我在夫子庙卖什么价，就给你什么价，他们直接订了十几箱带走了。后来朋友反馈信息告诉我们，他们年初一卖灯卖得直淌汗，意思是销售十分火热。之后他们在我们厂连续订了三年的灯。除了日本，我们还接过加拿大的单子。

现在国家重视非遗，也带动了我们的发展。很多单位过年发福利，就有我们的灯。2010 年，白鹭洲有个十里秦淮的水上演出，那个灯组跟荷花灯道具全是我做的。2010 年以前的几年，这个项目是由杭州人做。2010 年，丁雪飞老师做编导，她推荐了我们江南龙灯厂，然后她把计划告诉我们，回来我们就开始做。我们做了整整两个月。当他们看到成品的时候，都说不得了，比杭州人做得强。我老陆就是土生土长的秦淮人，只要你让我来做这个东西，我肯定负责到底。白鹭洲公园在过年和清明节的时候会有放灯许愿的活动，他们就在我们这订灯。那时候白鹭洲公园还收门票，你买个门票进去，就送你一盏水上漂的荷花灯，你就可以在里边放灯许愿了。南京有一种传统狮灯是立狮灯，我们厂设计出了卧狮灯。有几年夫子庙在我们这订卧狮灯，这种灯跟白鹭洲公园订的灯的功能和寓意差不多，都是水上漂的，清明节的时候发给游客，让他们在水上放灯许愿。

政府帮助我们很多，给了一些发展机会，不过我们仍有自

立狮灯

陆有昌改进的迷你卧狮灯

己的难处。我还谈不上是实干家，虽然厂子是我投资办的，但我知道要想更好地发展是非常难的。我的厂子不大，人也不多，我们也想扩大，但各方面条件受限制。一个是这房子是租的，前后一年就是4万多。办厂十几年，我把家里很有限的积蓄都拿出来了，还把老两口的“棺材本”都往里贴。灯厂的收入，只够维持一家人的吃喝而已。对我来说，收支能够持平，就知足了，没精力去改变现状。另外我通过十几年的从业经历看，灯彩这个行业总体讲很不乐观，面临着没有人来学的问题，我们厂就是这么个情况，没有年轻人，你们看到的都是老大妈在做。旺季的时候我想招一些临时工来帮忙一起做，二三十个都是上了岁数的人，没有年轻人来。这也不光是年轻人不愿意学的问题，其实年轻人来了，我们也承担不起他们的各种要求。最后一个原因，我认为也是最重要的是缺乏外界的支持，我们几个开厂的艺人都是在单打独斗。我这儿人多的时候也就30多个人，我经常想，有人把我们几个厂子收去就好了，做成一个产业链。我就一心一意搞技术，搞设计，带几个人制作。当然，最理想的状态是政府给我们搭台，我们负责唱戏。我还想过干脆我们几个厂子自己联合起来，搞个产业链，比如你家生产架子，他家生产荷花瓣，我家负责组装。但是我们缺少一个领头羊，不好做起来。

跟我们厂订货的一般都是老顾客，我们不太会主动出去谈其他生意。我们也曾经出去谈过，谈好了人家来了一看原来是个小作坊，他们就不愿意相信我们。人家以为你出来谈生意的厂子没有一百号人，也要有几十号人才行。他们哪知道，厂里没任务的时候，都是我们养着他们，我们哪养得起那么多人啊！这确实无助，但我们也不想放弃。也有一些人帮我们出主意，让我们跟商场合作。比如金陵饭店的老总就讲过，他让我把货送到他那儿来，他替我卖。卖完之后，他拿几个钱，我拿几个钱。这个老总是好心，但他要是一年卖不掉，我一年的资金就赔进去了。

人就像一个弹簧，它有一定的承受限度，超了那个限度，弹簧就断了。我家爱人之前就讲，我们不干了，回家了，到公园玩玩去。我们年纪大了，感觉也干不动了。那时候，我家女儿跟我一块干厂子，她是学美工的，我们搞出样子来就喊她看看，她有时就指出来说这个颜色跟那个颜色哪里不对，然后我参考她的看法再改改。很早的时候我就跟她讲，我跟你妈年纪大了，我把这个厂子交给你们打理。她问我今年多大了，我说 60 多了。她说我搞了 50 多年花灯，还发财了？说我受了 50 多年罪，没发财，叫他们来受这个罪啊。她不肯，娃也不肯。

还没等我们想到继续发展的办法，有一个人看那里地势相当好，相当繁荣，用南京话讲“相当发财”，他就跟房东讲，租给龙灯厂房子 4 万，他出 14 万把它房子租下来，这样子房东就请我们走了。因为东西太多，我们走的时候也麻烦，后来我一个徒弟找了一大间房子，替我把机器全部存到他那里。就是这样子，龙灯厂散了。有的工人到人家馆子里面当服务员去了。

荷花灯成了邮票灯

2006年，国家邮政局要出一组民间灯彩的邮票，是全国性的，要推向世界。当时定了几个地区，北京出一盏，江苏出一盏，浙江出一盏，陕西出一盏，广东出一盏，一起是五盏灯，组成一套邮票。结果江苏选到南京秦淮区，之后秦淮区文化局就把几个艺人找去，下了一个任务，一个礼拜要拿出三盏荷花灯，让北京来的人挑。

一开始我们厂做的是飞机灯、兔子灯，还没怎么做荷花灯。可能因为我们比较有名，秦淮区文化局就也找了我，让我也扎盏荷花灯。我利用一个礼拜时间做出来了。当时是在卡子门那

《民间灯彩》特种邮票（一套五枚）

里，我亲手扎的，没有让任何工人插手，包括颜色、款式，都是我自己定的。做好之后，那几盏灯怎么看怎么好看，就像美少女一般，而且有着稳重大方的气质。我在制作的时候，针对传统荷花灯做了改进：染色时，选用了桃红和水红，让色彩更加柔和；以前下面的绿瓣子是老绿色，我把它改成一种蓝绿

荷花灯邮票[1]

陆有昌手持邮票灯

① 荷花灯邮票：陆敏先生认为，陆有昌入选《民间灯彩》特种邮票的灯彩应该叫作“荷花灯”。因此本书中将邮票灯作品统称为“荷花灯”。

色，像果绿那种，显得清新；莲藕也不再是原来的纸糊形式，而要先扎骨架，然后裱糊，工艺复杂了，形态更加逼真；我对花瓣大小也进行了仔细的研究，应用了黄金分割比；另外，我还在传统荷花灯的基础上，添加了4朵小花。之后有人说就是因为这4朵小花才能被选上，这当然是后话了。当时厂里人都说不错，蛮好的。

做好后，我爱人带着工人下着雨把它送到文化局，送过去后就马上回来了，他们不准我们看别人的作品。我们什么人也认不得，之后就没管了。我可能是运气好，几天以后有人通知我说，北京来人了，我的灯被评上了。选上以后，北京来的人就找我签合同。2006年，我扎的荷花灯印在了由国家邮政局向世界发行的特种邮票上，八毛一张，后来我们叫它邮票灯。

当时邮票灯被选上之后，南京市邮政管理局有人跟我讲，让我赶紧去注册一个商标。其实我不懂这些，市邮政局的人讲，我要不注册下来，别人就会注册，别人叫“陆有昌”，我就不能叫“陆有昌”了。我说名字不对啊。他说人家如果通过关系把户口一改，也叫“陆有昌”，那我怎么弄呢？他说我要是有困难，他们替我出钱。我哪好意思呢？等邮票出来后，我就去注册了商标——“陆有昌”，花了几千块钱。注册下来以后，我的邮票荷花灯，就只有我能叫，别人就不能这么叫。

邮票灯商标

在这些荣誉当中，对我生活影响最大的或许就是邮票灯。当时我们没拿到什么奖金，好像就文化部给我们发了 500 块钱，还是税前的，扣完税落到手里，就剩 480 块钱。除此之外就是精神上的安慰，荷花灯成了邮票灯，我们俩都蛮高兴的。当然，最大的影响或许是我们的灯好卖了。邮票灯问世以后，报纸登出来，电视台也播，后来只要邮票灯一出来，大家就抢着购买。做一个销一个，做两个销一双。直到现在，我做出来邮票灯，还是有人要的，有多少卖多少，经卖不衰。

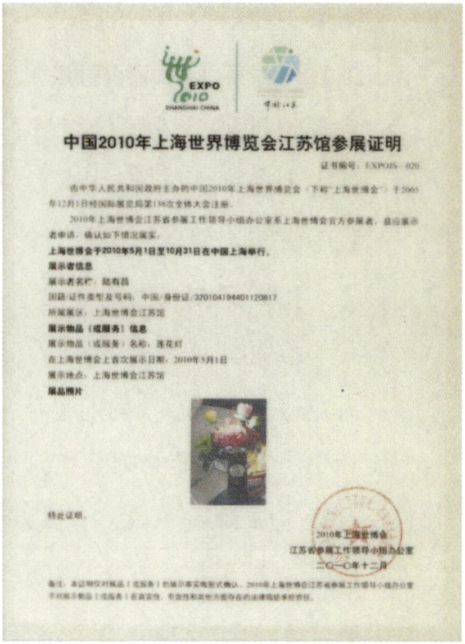

中国2010年上海世界博览会江苏馆参展证明

证书编号：EXPOJS—020

由中华人民共和国政府主办的中国2010年上海世界博览会（下称"上海世博会"）于2005年12月1日经国际展览局第138次全体大会注册。

2010年上海世博会江苏省参展工作领导小组办公室系上海世博会官方参展者，兹应展示者申请，确认如下情况属实：

上海世博会于2010年5月1日至10月31日在中国上海举行。

展示者信息

展示者名称：陆有昌

国籍/证件类型及号码：中国/身份证/320104194401120817

所属展区：上海世博会江苏馆

展示物品（或服务）信息

展示物品（或服务）名称：莲花灯

在上海世博会上首次展示日期：2010年5月1日

展示地点：上海世博会江苏馆

展品照片

特此证明。

2010年上海世博会
江苏省参展工作领导小组办公室
二〇一〇年十二月

备注：本证明仅对展品（或服务）的展示事实做形式确认，2010年上海世博会江苏省参展工作领导小组办公室不对展示物品（或服务）在真实性、有效性和其他方面存在的法律问题承担责任。

中国 2010 年上海世界博览会江苏馆参展证明

中国 2010 年上海世界博览会（简称“上海世博会”）要展出我这个上过邮票的荷花灯，我们送了一盏去，之后他们又来要了一盏，最后问我两盏要多少钱，我说不要钱，你发个证书给我就行，证明我的荷花灯参加过上海世博会，结果如愿以偿。他们没给钱，给我发了一个证书。这个证书现在我还存着。

邮票灯出名之后，来我家采访的人也多了，都希望得到一手资料。像“麒麟送子”这件作品，我根本没往上报，当时我放在迎接的窗户台上，来往的人看到之后给我们报了，然后电视台、报社的记者都来了。我们也常在电视上看到自己。他们来了主要是问我们的态度、对将来的希望。我跟我爱人想法一样，虽然已经有这么多的成绩，技艺上也比较成熟了，但是我们一直都很低调，成绩代表过去，以后还得从头来起。不是讲“山外青山楼外楼”吗？英雄好汉还在前面，人不能骄傲，骄兵必败。我一直牢记我父亲的教导。

我们有两点一直不变：一个是质量不变，一个是价格不变。我们创办江南龙灯厂时，每年做出来的灯也从来不提价。即使荷花灯上了邮票，我们也从来不狂，在厂里面还是踏踏实实工作。我 10 年里都没给邮票灯涨过价，原来卖 120 块钱一盏，现在仍然卖 120 块钱一盏，有人劝我涨涨价，说 10 年前我的邮票灯卖 120 块钱一盏，10 年以后材料都涨了，应该涨价啊！我不涨价。这样调子比较低一点，大家对你的看法就好一点。如果说我的灯没上邮票之前是 50 块钱一盏，上了邮票我就卖人家 200、300 块钱一盏，这盏灯四五十道工序，代表了南京，是南京的一张名片，涨价好像也说得通。但是总的来说，一涨价就给群众心里增加一种阴影，给他们增加负担了，这种事的社会影响不好。到时候人家都讲有名了，价格就要上涨了，我以后怎么做传承人啊？所以我把材料费涨的价自己消化了。我和我爱人吃的是国家给的退休工资，我这个地方能够保证我一年的收入，把在这里的人打发掉，房费、电费、自来水费交了，能够正常运转，就满足了。

现在我的设备全部移至板桥一个大仓库里面放着，因为场地有限，我在家跟我爱人只能做一点小荷花灯，一做出来就有人来收购，包括日本长崎的、上海本家老陆等。上海老陆收购

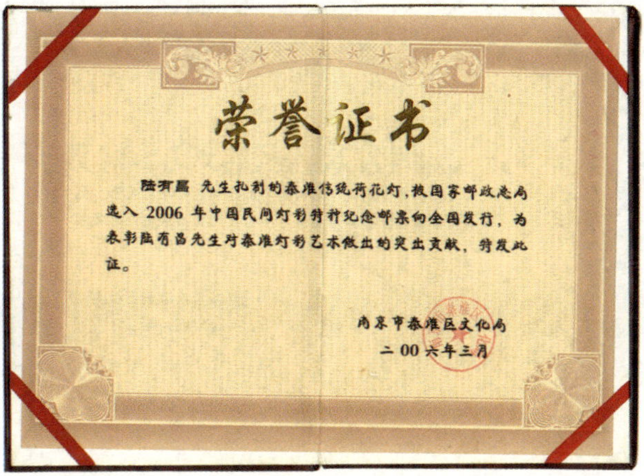

秦淮区文化局向陆有昌颁发的荣誉证书

我的灯不仅不还价，还把上海豫园的特产带来给我。像我们出口到日本的彩灯，我们要的是人民币，而像进出口粮油公司他们要进行外汇，我就不管这些。我的灯卖给你多少钱，你给我人民币，至于他们卖多少，我不管了。①

---

① 这里提到的进出口粮油公司即江苏省粮油食品进出口集团股份有限公司，该公司经营外贸出口业务并有相关资质，而江南龙灯厂无相关资质，因此当时龙灯厂的灯彩以进出口公司采购外销的方式卖到国外。进出口公司按照市面统一价格采购，而外销的价格陆有昌一概不问不管。

议彩话灯

○ 龙灯厂往事

陆莉：在办龙灯厂之前，我爸就做过一些大型的灯，那时他主要是跟几个人一块做。1990 年，北京亚运会要做“金马腾飞”灯，南京组织了几个人一起到山西大同去做，做好之后再运到北京组装。那个时候还没有龙灯厂。我爸妈 1994 年下岗之后，也没有立即办厂，1996 年，我父亲开始开“马自达”养活家里。父亲一个是身体不好，一个是放不下扎灯。2001 年，伯父、父亲和陈伯伯一起办了龙灯厂。当时给龙灯厂起名字，他们也在想是叫彩灯厂，还是龙灯厂，后来觉得龙灯是比较有代表性的，就叫了龙灯厂。他们申办厂子的时候，需要一些照片资料。那时候他们没有像样的场地，我帮他们找了个地方，然后帮他们拍了几张穿西装的稍微正式的照片。

高中的时候我学过美工，后来在龙灯厂帮忙一起做灯。但我心里已经想好，不会从事这个行业，因为根本挣不到钱，养不活家里。当时工厂工人的工资很低，一千块钱都不到。我记得我生了宝宝之后，我跟我爱人要去单位上班，婆婆这边也不方便照顾，我爸妈一直全心扑在厂里面，也没法帮忙照顾。我

江南龙灯厂创办伊始的三位合伙人（中间为陆有昌）

们就要请一个阿姨，但是一个阿姨在家看孩子，我们又有点不放心，就想把阿姨和孩子放在龙灯厂里面，这样我妈妈也能稍微帮忙照看一点。但是我妈妈不同意，因为像这种专门带小孩的阿姨的费用很高，要一千多、两千多，而工人工资一千块都不到。如果我们把阿姨带到龙灯厂去，工人的心就涣散了，没办法干活了。

龙灯厂的地方是租的，一开始在卡子门那里，因为要拆迁，他们搬到了双桥门。双桥门这边每年涨房租，后来因为实在付不起租金，龙灯厂就关门了。龙灯厂关门后，我爸妈又在我们小区周围租了一个平房，招了几个人继续扎灯。有一次下大雨，平房里进了水，很多灯不能用了，那次损失不少。这个时候我父亲的身体已经不太好了，不能坐太长时间，他每天中午要回来休息一下，下午再去。后来我坚决不让他做了。

陈颜鸿：我跟陆有文、陆有昌几个人处得像弟兄一样。他住心腹桥，我住双塘园，在十八中旁边。我们都是住在那一片，从小就很好。到 1958 年分配工作的时候，我和陆有文去了汽轮电机厂。他是木模工，搞木模，铸造模型。我是冷作工，跟铁打交道。

那时陆有昌提前下岗，他有一段时间专门开“马自达”，但他眼睛不行,近视。然后他就跟我们说一块办个龙灯厂。陆有昌、陆有文和我每家出了 3 万。当时办厂、做灯是在卡子门底下的桥洞，我们也做出过一些比较著名的灯，有了些社会影响。我们也没发传单，但做了新闻发布会，有邮编号码，人家就找过来订灯，我们就做灯。全国各地的客户都有，特别是安徽、浙江的，都会跑来。

我们做过的“金马腾飞”灯有 24 米高，北京亚运会时期在北海公园展出。那时候有领导到北海参观，一眼就看到我们的灯组，觉得相当好，五光十色的，颜色配得也好。他就说这个灯好，是“北海之光”，后来“金马腾飞”灯被评为一等奖。我们还拿了 3 万块钱，几个人分了。

我们也被骗过。有一次，河南新乡来了人，是个姓夏的业务员，跟我们定灯，他说中央“老首长”要到老区看他们，为了迎接“老首长”，从郑州到新乡要沿着铁路挂 1500 盏灯笼，当时我们价格定的是 70 块钱一盏，那边给我们每盏灯加 15 块钱，按 85 块开给我们。他让我们带着做的东西去新乡给他们“工会主席”看看，确认过样品，他们按合同付款 50%，两个月之内我们交灯给他们后，再付我们 50%。他们让我们先坐火车到郑州，然后再从郑州坐长途汽车到新乡汽车站，然后打电话给他，他来接我们。我一个朋友在火车站工作，我就问南京还有到新乡的火车啊？他说有。我就想新乡有火车站，他怎么喊我们坐到郑州，下来坐中巴，他还指定我们礼拜六晚上出发，礼拜天早上到，然后请我们吃饭，签合同。我跟陆有昌讲，不行我们礼拜五出发，礼拜天回来，坐火车直接到那里。我们俩就买了火车票，直接坐火车到新乡。下车后，乘务员看我们每个人背个大包，问我们是干什么的。我们讲是南京来的，江南龙灯厂的，做灯笼的，你们这边说有“中央首长”来，跟我们订灯笼。他就讲我们可能受骗了，新乡发生好些这样的事情，还有一个服装厂也是的，他们把预付款付了，结果碰到了诈骗。所以我们赶快到新乡市公安局把这个情况告诉他们，公安局让我们去管诈骗的办公室。那有一个巡警队长，一骨碌爬起来问我们是什么情况，他说会负责我们的人身安全，让我们就按他讲的做，还留了个暗号，就是等事情谈妥了，赶快打电话假装喊家里人进材料，把工人全部招来，明天就投入生产。后来我们打车，车子开了一个多小时到了新乡郊区，我们到了一楼一个房间里，桌上点了好多好菜，那会儿是夏天，还有冰啤酒。“工会主席”来了，感觉有40多岁。之后我就打电话给“家里人”(报警)，他说我们南方人怕老婆，他们这边叫“怕婆娘”。我说是的是的。警察来了以后就拷了他们，我们也赶快走了。后来警察把我们送到郑州火车站，没到10分钟来了车子，我们就安全回来了。后来听说有一个送海鲜的，喝酒的时候被那些人迷倒，钱没了，海鲜都臭掉了。

实际上，创业容易守业难。回来以后还有一次，陆有昌的“朋友”联系我们订灯，要做荷花灯，还要送到北京去。为此我跟陆有昌也吃了不少苦。我们把做好的灯带去北京，结果他们不认，说是“鬼灯”。什么叫“鬼灯”？一点，朝水里一丢，顺水漂，祭祖的，叫鬼灯。原来他们是要行道灯，但我们做的是花

江南龙灯厂宣传页封面

江南龙灯厂宣传页内页

灯，根本不是一回事。最后，钱花了，路费花了，礼品也送了，灯却没卖出去。

还有一次，我们给福州灯会做灯。在西湖公园做了个七品芝麻官（灯），摇头扇扇子，意思是“当官不为民做主，不如回家卖红薯”。第一天灯装上了，第二天有人来问这个题目是谁想出来的，那时候都讲做官要做清官，谁想到这个题材不给做。后来我们就撤掉了，换了个题材。

龙灯厂没赚着钱，我头一年就退出了，损失了大概两万块钱，第二年陆有文也不干了。

陆有文：江南龙灯厂搬了两次地方，一开始是在卡子门，租在一个大厂房里，后来那里拆迁了。搬到双桥门时，我和陈颜鸿已经退出了，我弟弟跟弟媳他们单独经营。办厂开头要投入极大的资金，要买材料、设备，要人，还要有个规划，他是忙不过来的，开始比较艰难。

我的理念就是，想把它搞成艺术收藏品的样式，而且我觉得不要仅仅在国内，不要仅仅在节日期间，而是要走出去，要做成工艺品。如果希望尽快地赚到钱，一下子就把事业做成，我认为这是不可能的事，像这种手艺，都是慢慢成熟的，要一步一步来，慢慢来。

本来我们想是这样子：他做大的，我做小的，我能把传统方面做出来，他能把新理念方面做出来；做好之后，最好是外销，加上国内销售。这就很好了。当时我们尝试过，也有了一些起色。日本长崎那个人，他到灯会来考察，最后在我们那个工厂里面开始订货。后来因为没有新鲜的血液注入，单子就停止了。但是我还是有这个雄心的，把手艺传给了孩子。

我们也去过福州的西湖公园做灯展览。有个叫毛金海[①]的，他哥哥毛金虎[②]是中山门外前线歌舞团[③]搞化妆的，因为在部队里，熟人也比较多，我们到福州就是他联系的。

○ 荷花灯上了邮票

丁雪飞： 2005 年，江苏省邮票公司找到我们文化局，希望我们提供一盏传统的荷花灯，国家邮政准备出版一批以彩灯为内容的特色邮票。我们觉得这个事情非常好，对我们民间艺人是一种历练，也是把秦淮灯彩推到全国的一次非常好的机会。我们就组织了秦淮区六七个骨干艺人同时扎荷花灯。民间艺人都非常认真，很快就送来了他们自己的一些代表作。我们从各个角度拍成照片，上报给江苏省邮票公司。邮票公司也派来一些搞摄影的同志，对彩灯进行拍照。几个月以后，邮票公司通知我们，陆有昌的荷花灯入选了。当时为了避嫌，每一个荷花灯都没写名字，后来一个个比对，才比对上是陆有昌的灯。大概是在 2006 年 2 月，邮票公开发行了。他本人挺高兴，我们也为他高兴，这是秦淮灯彩的一件大喜事。

---

① 毛金海：秦淮灯彩扎灯艺人，南京市秦淮区非物质文化遗产秦淮灯彩代表性传承人，曾获“南京市工艺美术大师”荣誉称号。

② 毛金虎：毛金海的哥哥，曾在前线歌舞团从事化妆工作，与弟弟毛金海共同创办秦淮旅游工艺品厂，主攻传统秦淮花灯手工艺品，也挖掘京剧脸谱、火烙画、民俗布娃、金陵风筝等濒临失传的民间工艺。

③ 前线歌舞团：原中国人民解放军南京军区政治部前线歌舞团，前身由新四军军部战地服务团和所属部队中的“前线”“抗敌”“拂晓”“淮南大众”等剧团组成。1946 年与山东军区文工团一部分合并，组成华东野战军文艺工作团。1950 年在南京改编成华东军区解放军艺术剧院，1955 年由国防部命名为“前线歌舞团”。

他的彩灯为什么能够选上？我觉得是因为里面有南北兼容的特点：既有南方细腻的一面，染色、扎制的技艺都很细腻；又有北方粗犷的一面，灯的造型方面比较粗犷。

邮票灯纪念封正面

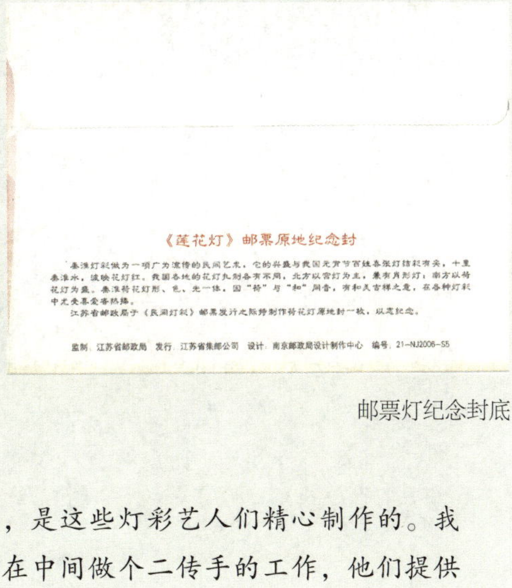

邮票灯纪念封底

龚文新：我参与了陆有昌的荷花灯被评为邮票灯的全过程。当时，我们向一些比较知名的秦淮灯彩艺人发出了邀请，请他们各自提供一盏制作精美的荷花灯，他们提供了好几盏。我觉得当时送来的灯都很漂亮，是这些灯彩艺人们精心制作的。我们文化系统，实际上就是在中间做个二传手的工作，他们提供来了，我们就把灯彩如实地递交上去，最终由文化部请专家，从样式、色彩、大小，还包括用材等方面进行综合评定。陆有昌的灯有幸被选中，当然他本身也是我们秦淮灯彩艺人中的佼佼者，他做的灯很好。

那时候，我们南京能上邮票的样式不多，有长江大桥，还有就是荷花灯，这对南京人来讲是很自豪的，很好地宣传了南京，

莲花灯 The Lotus Lantern
白菜灯 The Chinese White Cabbage Lantern
鱼灯 The Fish Lantern
花蝶灯 The Butterfly Lantern
龙凤灯 The Dragon and Phoenix Lantern

邮票灯明信片（一套）

第8版　特稿　中国集邮报　CPN

2006年2月10日　第10期　(总1057期)

本版编辑/臧锦丽　电话 64962947　电子信箱 zangjinli@cnii.com.cn

邮票记盛世　灯彩映太平

春节玩灯、元宵节闹灯是千百年来中国人迎新除旧的传统节庆文化生活的祥乐写照。600多年前，在古都南京就有民间灯彩出现，与此同时出现的灯会又称社火也成为南京历史最悠久、生命力最旺盛、影响力最深广的传统民俗文化活动。国家邮政局将于2月12日发行《民间灯彩》邮票，其中的“莲花灯”邮票就取材于南京秦淮民间传统的灯彩。

自古迄今，“十里秦淮”两岸一直是南京城的繁华之所在。风情万种的民间艺术催生了大俗大雅的南京秦淮民间传统的灯彩，在华夏民族民间文化百花园中，它已成为我国灯彩艺术的一大流派。

南京花灯的起源与佛教有关，大约始于六朝，多为宫廷玩物。所谓“盛世花灯”，社会发展到了唐宋时期，元宵赏灯就已成为南京地区节庆民俗活动的重要组成部分，元宵灯节及各种喜庆日子，人们以张灯、观灯、玩灯为乐事，使得社会对花灯的需求大大增加，为南京花灯的发展创造了条件。明清时期是花灯发展的繁盛期，南京花灯的扎制技艺已相当成熟，其品种大约达到300种左右，尤以“荷花灯”最受追捧。荷花为睡莲科中的重瓣莲花，荷花在佛教中象征着弥陀净土和吉祥如意，在民间荷花也有和(荷)气生财、和和美美的象征。所以，国家邮政局发行的《民间灯彩》邮票中的此枚票称为“莲花灯”。

荷花灯以手工做架、晕染、裱糊、扎制，一盏小小的花灯须经过数十道工艺，数人的努力而成，灯彩因其形、色、光的不同分不同的流派，此枚邮票中的花灯为秦淮花灯艺人陆有昌扎制。

在南京的民俗中有“上灯元宵落灯面”的俗语，是说：正月十三试灯，十五元宵上灯，家人亲属团聚，吃元宵，正月十八落灯，吃面条，寓意长寿、常来常往。

南京灯会习俗三国东吴时由民间发起，已逾千年。1984年成功举办了“第一届中国南京夫子庙灯会”，至今已历20届，十里秦淮水，波映花灯红。每到大年三十灯会启幕以后，年节和民俗味十足的夫子庙，便呈现出斑斓十色的花灯海洋。暮色降临，南京城万家灯火齐放，广大市民和游客涌向夫子庙，一览民间“灯文化”的多姿多彩。在秦淮河旁，在灯火辉煌的夫子庙前，荷花灯、狮子灯、菠萝灯、兔子灯、飞机灯、宫灯、纱灯以及组合灯、大型灯，竟相绽放，争奇斗妍。花灯与盛世相映，笑语共欢声齐飞。在正月十三到正月十八期间，观灯人群日均达40万人以上。2000年南京秦淮被国家文化部命名为“中国民间(灯彩)艺术之乡”。　(苏文)

南京夫子庙的莲花灯

今年农历正月十五，即公历2月12日，国家邮政局将发行2006-3T《民间灯彩》特种邮票一套，其中第三枚“莲花灯”取材于南京市的民间传统灯彩。每年春节从年初一开始到正月十五前，南京夫子庙灯市热闹非凡，各种民间灯彩争奇斗艳，除了莲花灯外，其他如菠萝灯、鱼灯、蛤蟆灯、生肖灯、飞机灯、宫灯、狮子灯、激光灯应有尽有。而南京人最为钟情的也是市场上数量最多的就是大小各异的莲花灯了。节日期间的夫子庙，灯如海，人如潮，处处洋溢着浓郁的中国传统气氛，成为南京市最为繁华的游览景点。

南京市于1984年成功举办了“第一届中国南京夫子庙灯会”，至今已举办了20届。春节期间，除了灯市外，南京市秦淮区旅游部门在夫子庙的秦淮河两岸的多个重要景点都精心布置了组合大型彩灯，加上各家商店宾馆处处张灯结彩，整个夫子庙成为五彩缤纷的灯的海洋。在第一届灯彩比赛中，南京陆有昌先生扎制的莲花灯就取得第一名的好成绩。发行的邮票图案中的莲花灯就是由陆有昌先生扎制。陆有昌先生今年已经62岁，他从10岁开始就在爷爷和父母亲指导下学习扎制灯彩，并练就一手具有陆氏风格的扎灯技艺。

南京灯彩传统源远流长。早在1700多年前的东吴时期，就有在元宵节用灯火祭神敬佛的活动。作为六朝古都的南京，历经宋、齐、梁、陈以及明朝、民国等各朝代，为显[illegible]盛世，灯火活动规模庞大，盛极一时。而春节期间的南京夫子庙闹灯会活动兴于唐代，盛于明清。明朝朱元璋当了皇帝后，大力提倡灯会活动，把正月初八定为上灯节、十八定为落灯节，整个灯会活动长达10天时间。据《金陵岁时记》记载：“俗以正月初八、十三、十五为灯节，洪杨(指太平天国洪秀全、杨秀清)未乱之前，凡庵庙皆上灯”。现代南京民间为正月十三上灯，正月十五正灯，正月十八落灯，上灯吃元宵，正灯被视为小年，饭菜丰盛，不亚于过大年，落灯吃面条，这些风俗都应证了中国南方民间谚语“上灯元宵落灯面，吃了以后望明年”。元宵节期间，各家燃点花灯，并有“送灯”之俗，母亲给年前出嫁的女儿送灯。沿街张挂各式彩灯，夜晚灯火辉煌、琳琅满目。事实上，十年动乱期间，南京灯彩活动基本停止，是改革开放的春风又让灯彩艺人“重出江湖”，近年南京有十组秦淮传统彩灯组合的大型彩灯，还应邀赴台湾省、日本等地展出，深受当地民众欢迎。陆有昌和陆有文等人则联手创办了江南龙灯厂，该厂仅2005年就有10个品种1万多盏彩灯产品畅销省内外。

邮票图案上的莲花彩灯下方挂有莲藕，而且该莲藕制作相当精细。但目前灯市中所见到的莲花灯绝大多数都不挂莲藕，以节省制作材料和时间。如图是笔者于今年正月初一，在夫子庙灯市购买的带有一节“金藕”的莲花灯。荷与“和”谐音，所以莲花灯寓意和气生财、和和美美；而莲藕内部多孔，南京人称其为“路路通”，有祈求好运之意。

南京夫子庙莲花灯随着邮票的发行将受到更多民众的喜爱。　(李茂长)

2006年2月10日《中国集邮报》第8版的相关报道

对灯彩艺人也有很大的鼓励。

高安宁：2005年，中国邮政要在全国搞一组邮票，大概有5枚，其中一枚点名要秦淮花灯。当时我在文化局当局长，我认为这是非常好的事，不仅能宣传秦淮灯彩、秦淮艺人，也能宣传我们秦淮文化。我们秦淮灯彩艺人很多，他们的手艺各有特色，都很好，但我们不能随便点一家。于是，我们找各家都送灯过来，主要是荷花灯。之后各个艺人把自己拿手的荷花灯送到我们文化局了。

我们文化局不能做这个判断，谁好谁不好。当时是江苏省邮票公司联系的我们，我们只负责联络，通知艺人交作品过来，而具体事情是南京市邮政局操办的。邮政局有美工，他们美工的眼光可能跟我们不一样，花灯要上邮票，一定要符合他们要求的型和色。南京市邮政局的美工积极讨论之后，推荐了几组花灯给江苏省邮票公司，由他们再提交给国家邮政局。最终决策权在国家邮政局那里，他们说好才是好。国家邮政局很认真，他们有一套班子，专门来研究什么样的花灯上邮票比较好。我记忆中当时报的不止陆有昌一家，结果是陆有昌的花灯上了邮票。

2006年初，国家邮政局发行了5枚邮票，其中有浙江的花灯，也有我们秦淮花灯。上了国家邮票之后，我们在夫子庙广场搞了一场邮票的首发式，市主要领导，省、市邮政局领导，秦淮区委区政府领导，还有我们文化局都出席了活动，我们秦淮的民间艺人也都参加了，大家非常开心。

第四章

荷花灯的制作工艺

荷花灯的制作是陆氏灯彩的祖传手艺，荷花灯也是陆有昌灯彩生涯所学的第一盏灯。传统荷花灯的制作共有60多道工序，大致可以分解为扎骨架，裱糊，做莲蓬、莲藕，制花瓣，贴花瓣，扎花苞、花头，以及组装等几个主要步骤，花灯骨架基本由竹篾扎制而成，表面由白纸裱糊，一片片花瓣均要经过手工浸染、扎制和剪裁，整个流程极其复杂。这就要求手工艺者有扎实的功底和娴熟的技巧，不仅要使花灯结实、精致，又要使花灯色润、质美。现在荷花灯的材质有所变化，大量现代器具和材料应用于此，一方面改进了荷花灯的制作工艺，另一方面提升了荷花灯的美感。这些变化与陆氏扎灯人的潜心钻研密不可分，他们精益求精的态度使陆氏荷花灯能够长久地在秦淮灯彩中独树一帜。现在我们记录下传统的制作方法与流程，是为了留存这一项传统民俗的文化记忆，也是为了展现灯彩的变迁与时代的进步。

陆有昌与他的荷花灯

扎骨架　裱糊

荷花灯，要说起工艺，总共有大大小小60多道工序。第一个重要的环节是做正身骨架，骨架主要看造型，它也是决定灯彩是否好看的关键所在。紧接着正身骨架的一步是裱糊，其实裱糊也是为了让荷花灯的主体形态更好看。这个过程涉及的材料有竹子、玻璃纸、金线、铁丝、糨糊等，用到的器具有篾刀、蝴蝶刨、剪刀等。

在传统手艺中，制作荷花灯骨架的材料用的是竹子，以前用的都是毛竹，我用的是浙江毛竹，不是本地产的。以前在水西门河边上有放竹排的，你要多少，给他钱，他会给你劈好，

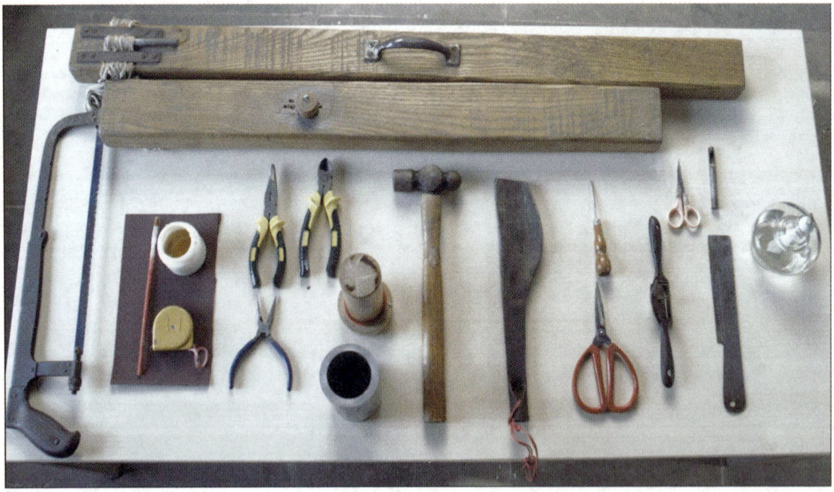

扎制荷花灯的工具

现在基本上没有了。我们做灯要用隔年的成竹，这样的竹子好劈，也好弯，用酒精灯也好烘。

骨架做工非常烦琐，要先劈竹子、取竹黄。但其实从20世纪90年代开始，我们基本就选用铁丝了，脚一踩电焊机，两个头就搭起来了，省了一道工序。我也有电焊机等设备，在板桥库房里面，没拿回来。目前我跟我爱人在家生产，还是以手工为主，用的还是竹子扎骨架的传统工艺。

我们拿到一根竹子，按照制灯要求的长短，把它下成一段一段，然后用篾刀劈开，大约劈成6毫米宽的竹条。这里要注意，劈的时候，不是从头到脚一刀劈下来，为了避免劈歪，还要用挤竹子的手法，挤出来的竹条才匀称。然后用蝴蝶刨去掉

下料

劈竹子

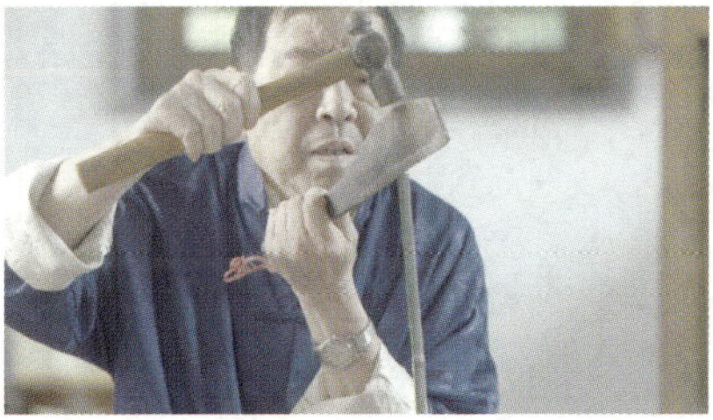

劈竹条

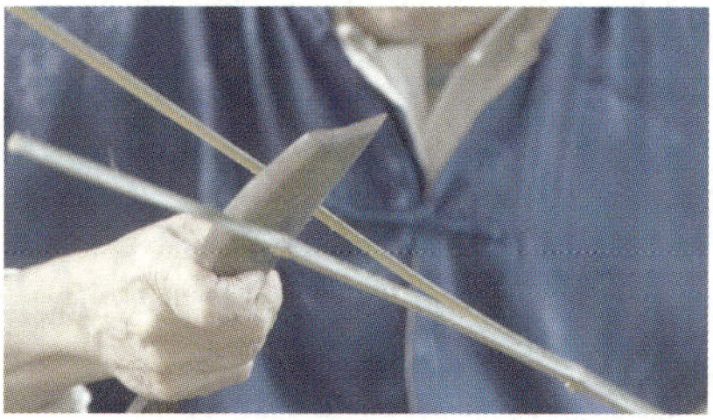

挤竹子

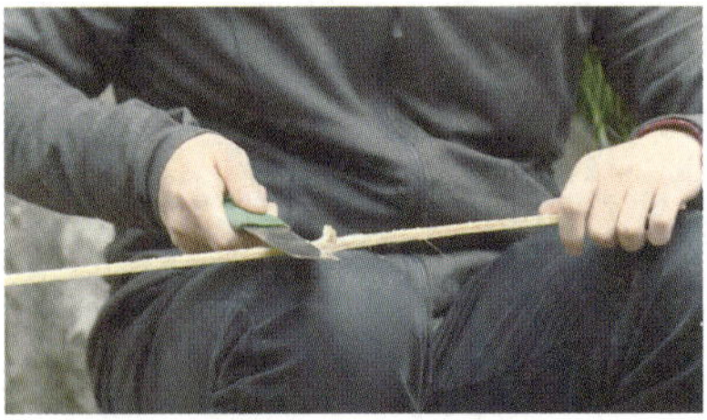

去竹节

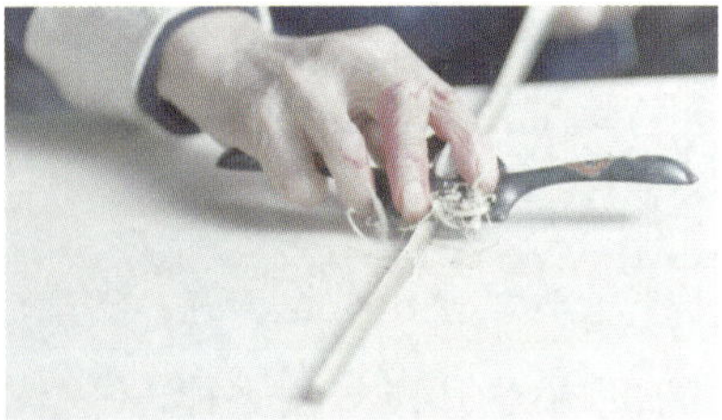

刨竹子

煮竹子

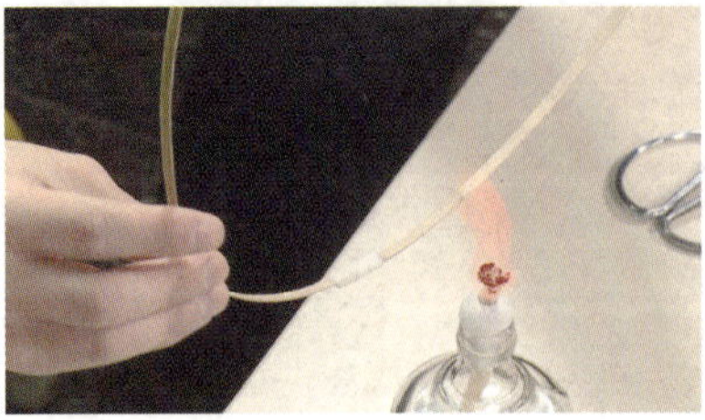

烤竹子

里外的竹节和毛边，再用砂纸打磨，使其更加光滑，这样的竹条更便于制作。我们所需要的竹条大致包括：一根制作大圈的竹条，长度是115厘米；一根制作小圈的竹条，长度为98厘米；还有4根兜底的竹条，长度都是65厘米。竹条做好以后，需要放到锅里煮，大约煮半个小时后，拿出来沥沥水，目的是把竹子里的水煮出来，这样也能把内部的虫子煮死，以后竹子就容易成型，还不容易变形。

做荷花灯要用两道圈、4根兜底，一共6根篾子。制圈的时候，先将竹黄弯成一个圆形，然后用胶带固定好。固定好之后，放在酒精灯上烤，也有人用蜡烛烤。烘烤是为了定型，烤的过程中我们要不停地转动圆圈，找扁直的地方烤一烤，让它弯曲，边烤边找圆，当觉得差不多的时候，赶快摆到冷水里面，给它成型、定型。如果不摆到冷水里面定型，手丢开它又会变回原样。

篾条制成的第一道圈稍微小一些，第二道圈大一些，小圈在上，大圈在下，这样扎出来的荷花灯是饱鼓鼓的。如果第一圈大，第二道圈小，就不成灯了，那就成了铁锅。两个圈扎好之后，再将兜底竹条，一根一根均匀交叉，与两个圈的相交处用胶带绑起来，这里一定要固定牢，不能有松动。胶带缠牢后，要在大圈4个角捆绑上长铁丝，为后面安装荷花杆及花头做准备。兜底的中心处也要扎两根长铁丝，分成4股，为了后面安装花苞、莲蓬、荷叶等。同时，我们也要在第一道圈上系两根绳子，用来拎或挂。

骨架扎好后，就是裱糊。我们主要用到两种材料，一种是玻璃纸，一种是美丽绸。玻璃纸糊花灯上面的格子，美丽绸糊底。我们裱糊的时候，是两个格子两个格子地糊，从下往上糊，先糊大圈下面的美丽绸，再糊上面的

竹子冷却

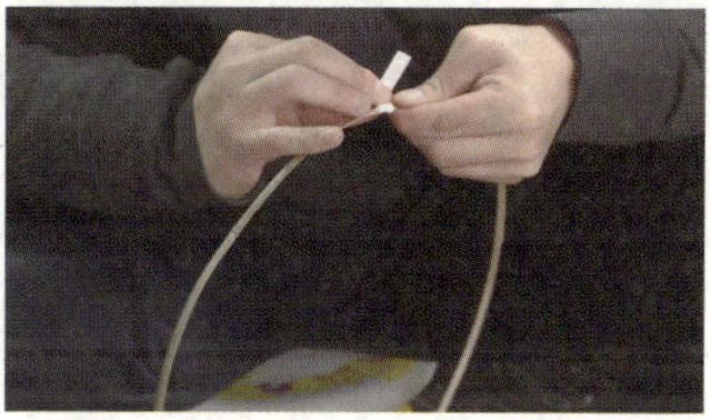

扎圆圈

一个大圈，一个小圈

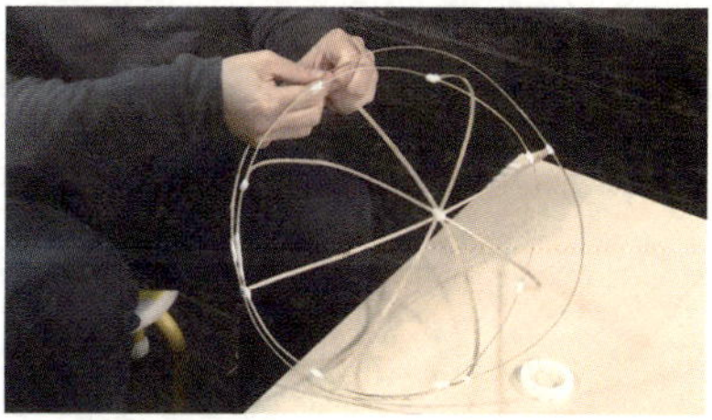

固定大圈与兜底竹条

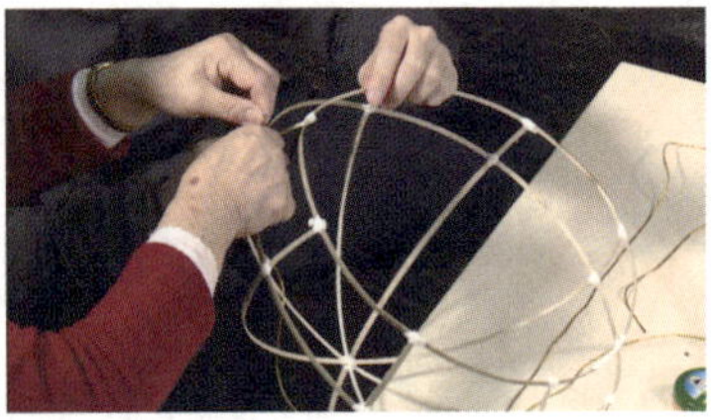

固定吊线

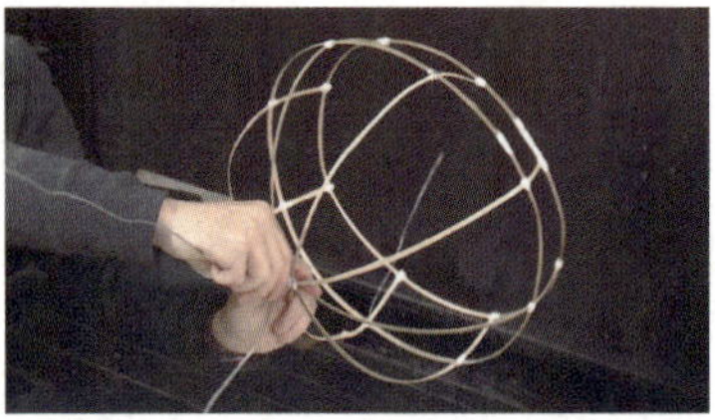

固定安装下花苞的铁丝

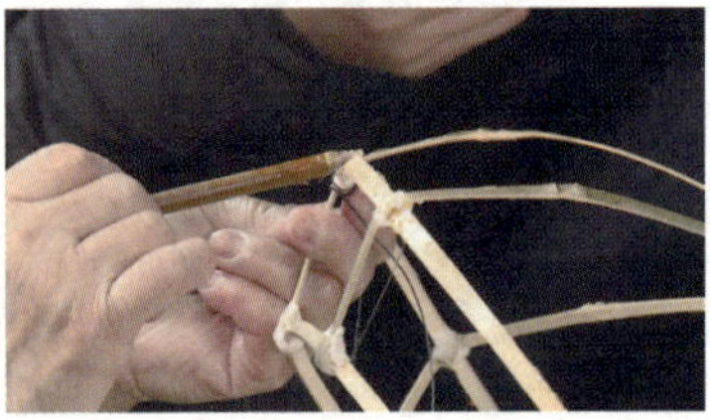

刷胶

糊底（美丽绸）

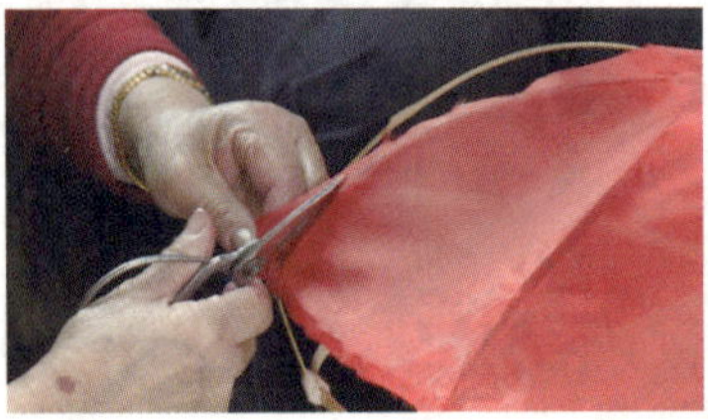

修边

糊底整体效果

玻璃纸。糊的时候，先在两个格子的竹子上涂糨糊，再将剪裁的差不多大的绸缎糊上去，光面朝里，毛面朝外，糊好剪掉多余的部分，让它看起来整齐美观。糊好两个格子，再糊两个格子，跟上一个的做法一样，涂上糨糊，贴上绸布，修掉多余的部分。继续糊上面一层的玻璃纸，手法跟糊绸布一样。

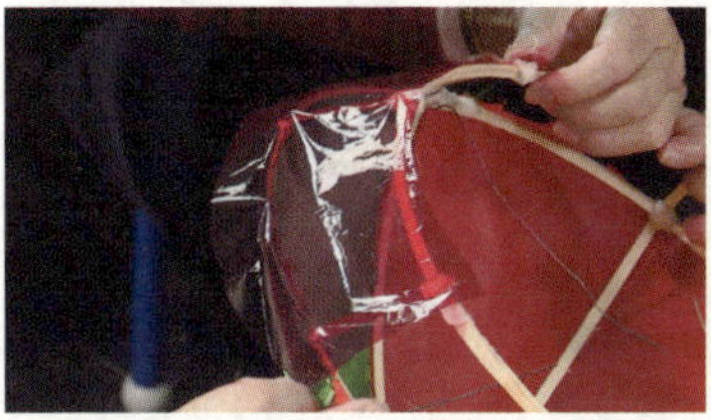
糊玻璃纸

糊玻璃纸整体效果

刷胶

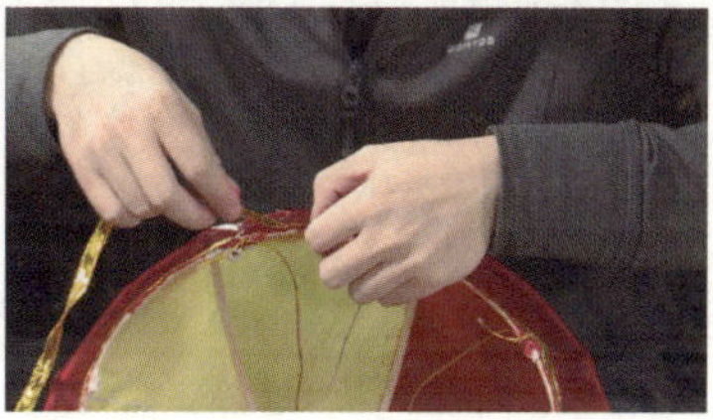
贴金丝边

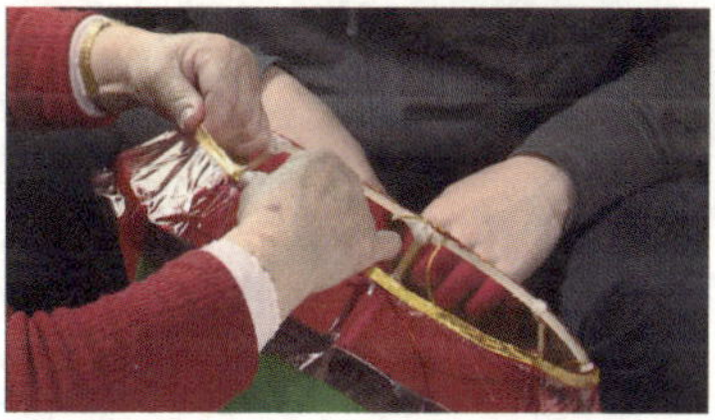
按压贴合金丝边

全部糊上，修好之后，再贴金丝边。金丝边要沿着竹条贴，这也是为了美观。糊完金丝边，整个裱糊的工序就基本完成了。其实糊完之后，我们也可以看到裱糊不光是为了好看，其实也弥补了竹架中的一些瑕疵，所以在扎竹架的时候要是觉得没那么圆，也不用担心，糊上绸布和玻璃纸，再拉上金丝边，基本就看不出来了。裱糊完，骨架基本就做好了，我们把它摆在一边，等着后面进行组装。

做莲蓬

荷花灯骨架扎好了，我们接着做莲蓬。做莲蓬骨架的第一道工序仍然是做一个圆圈，技法跟前一节的一样，不过这里更要小心，莲蓬的圆比荷花灯的圆小很多，小圆圈容易断裂，这就很考验手工艺者的技法。另外，莲蓬的底子也跟荷花灯的底子一样，都是用 4 条竹黄兜起来，再用胶带固定好。不同的是，荷花灯骨架有两个圈，莲蓬只要一个圈就够了。

扎好了莲蓬的骨架，我们用绿色的绸布把它裱糊起来，然后拉金丝边。拉金丝边要先做兜底的边棱，方式跟荷花灯也差不多，不过莲蓬小，边框也细。刷胶的时候要格外注意，不能刷到边棱外面，刷好之后贴金丝边。贴过兜底的金边，再用最宽的金丝边包住上面的圈。包最上面的圈时，金丝边要一侧一半，同时也要把兜底的金丝边角包起来，这样能起到一些修整的作用，让整个莲蓬的金边看起来更整齐流畅。

做莲蓬的最后一步是贴莲子。我们用冲子在海绵纸上敲出几个圆片作为莲子。之所以用海绵纸，是因为海绵纸有一定的厚度，贴上去能显出立体感，形象更加逼真。贴的时候，先大致比好位置，不能随便贴，要让它看起来匀称美观，然后用镊子夹一片金圆圈，在背面刷上胶，轻轻贴在莲蓬的圆面上。贴好了莲子，整个莲蓬就做好了。

刷胶

贴金丝边

剪金丝线

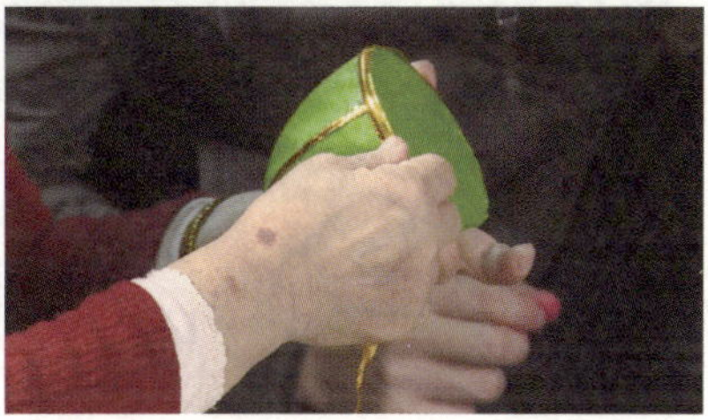
贴宽金丝边

给莲子刷胶

贴莲子

莲蓬整体效果

做莲藕

做莲藕，要先做正身，再糊底。

做正身，分 3 个步骤。第一步是扎尾巴，裁两根篾子，将两根篾子兜起来，兜成葫芦的样子，用胶带缠住底端的尖尖。第二步是扎中间的一节，也是用两根篾子，兜成椭圆状。这里不同的是，还需要再裁 4 根短篾子，将椭圆联结起来，固定好。这样做是为了整形，防止椭圆变形，另外也是为了使骨架更加结实。第三步是扎藕的头部，还是用两根篾子，也是兜起来，形状像一个碗，再用 4 根短篾子，将两根长篾子的 4 段固定成正方形，就形成了方口圆底的样子。这时候基本的架子就扎好了，最后把这 3 个部件合拢起来，一个完整的藕骨架就做好了。

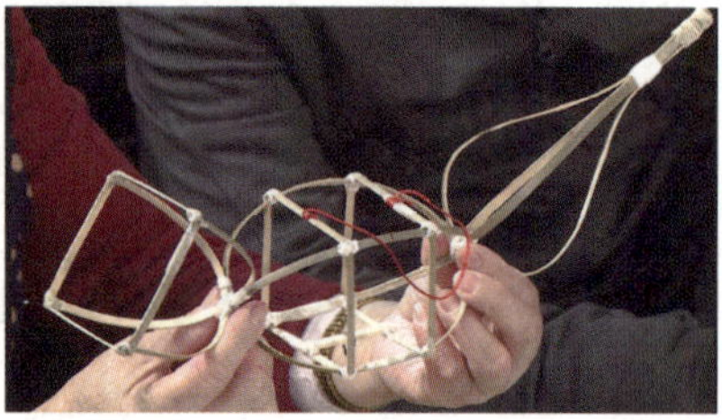

扎莲藕骨架

扎好骨架，就是裱糊。藕是白色的，我们用白绸子，这种布料让藕的外形显得柔和有光泽。需要注意的是，我们剪裁绸子的时候，要比糊的框架稍微大一些，这样还有修剪调整的余地。裱糊也是从尾巴开始，然后是中间，最后是头子。裱糊之后，就是拉金边，先拉从头到尾4根长的金边，再拉横着的短的几条，另外头上也要用最宽的金丝边，棱角两侧都要包好。裱糊与拉边的方法跟前面是一样的，先刷胶，然后小心贴上，再修剪，最根本的要求是形态整洁美观。

拉完金边之后，我们要贴金点子，用的还是海绵纸，让藕眼有立体感，方法也是用镊子捏着，刷胶，然后贴上。金点子一般贴5个就可以了，在四角和中间摆布均匀。金点子贴好,接下来是裹藕节。用黑蜡光纸，正方形对折后，剪成细细的须子。须子剪好了，用糨糊涂抹在藕节中间及尾巴底端，然后在藕节处及尾巴上裹好须子，最后在藕的中间处挂上流苏。完成这些步骤，这根藕就算做好了。

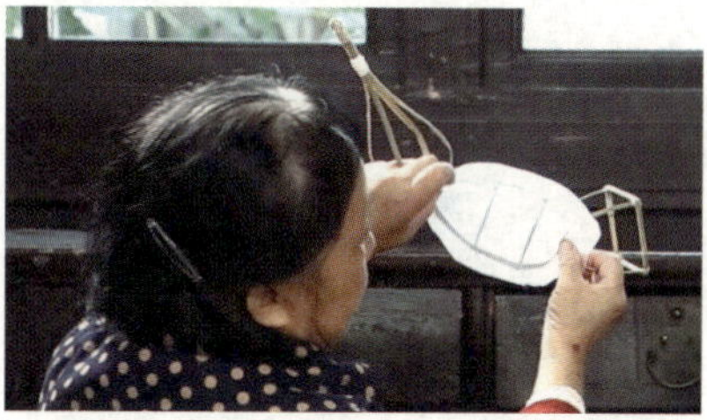

莲藕裱糊

贴藕孔

剪藕须

给藕节刷胶

贴藕须

坠流苏

我们这个藕不像别人的藕，我们根据菜市场买的藕为参照，打骨架、裱糊、上金丝边、剪黑须子，最后挂灯须。可以说，我们荷花灯上的藕，是真实的藕。

扎完了荷花灯的骨架、莲蓬的骨架，以及藕的骨架，关于骨架的部分就基本完成了，我们先把它们摆在一边，进行另外的一个环节。

做花瓣　贴花瓣

骨架之后的另一道重要的工作是做花瓣，扩大一点说还可以包括贴花瓣。这个环节有十几道工序，第一道是裁纸，第二道是染色，第三道是过清水，第四道是阴干，第五道是压平，第六道是打模，第七道是包线扎头子，第八道是压瓣，第九道是吹瓣，第十道是扎瓣，第十一道是修剪，第十二道是贴花瓣。

首先是裁纸。我们选用的是 18 克的拷贝纸，青岛海王牌的，就是那种发票纸，很薄。剪裁的大小也有规定，宽除以长约等于 0.618，这是黄金比例，实际尺寸大约长是 12 厘米，宽是 8 厘米。按照这个比例和尺寸做出来的瓣子好看，像美少女一样漂亮。

裁纸之后是染色。我们的染料不是自己配的，而是从外面化工公司买的现成品。说实话，灯无正色，像荷花灯，水红的、桃红的都可以，只要别太不伦不类，就没什么问题。别人家买

裁纸模具

比对模板

按模板尺寸纵向折叠

横向裁开

再次比对模板

横向折叠

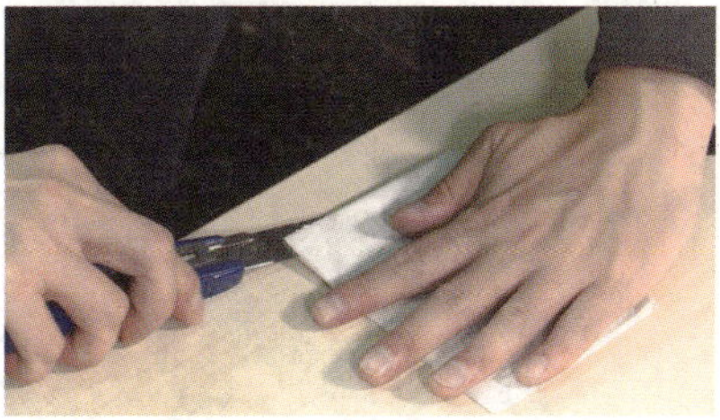

将折叠好的纸样纵向裁开

了颜料回来兑开水，我家则不同，还要放两样东西，一是放牛奶，二是放糖稀。放牛奶可以让颜色起鲜，鲜活的“鲜”，红得像个红的样子。放糖稀的目的是让颜色在纸上面能够咬得住，色彩保持更久，不容易掉。

染颜色，要用适当的浓度，颜色不深不浅。根据你的需要，有时候深一些，就多兑点色；浅一些，就多兑点水。染色前我们需要准备两盆水，浸色后分别在这两个清水盆里漂染，一次大概染百十张。染色之前，我们先将纸活动松散，便于吃色，不然紧在一起会影响吃色的效果。纸张松散好，依然叠齐，然后过浓色，用纸的三分之一浸染一下颜料。浸过染料的纸在清水里漂一下，这时候色彩顺着纸往上跑，出现渐变色，最终的花瓣会显得自然又漂亮。过完清水，我们把它晾起来，晾到半干不干的时候翻身，要翻好几个来回。染色不是临时用临时染的，如果染双色，这个过程要两天时间，一般情况下天气合适，一天时间也够。

调色

浸色

将纸样的三分之一浸色

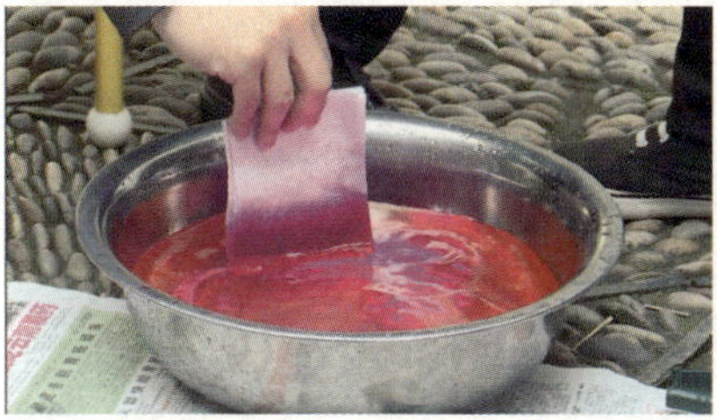

过清水

阴干

拷贝纸阴干之后，我们再把它们一张张醒开，然后用重东西和板子将它们压平，如不把它压平，瓣子就会皱巴巴的，染得再好也是白做。阴干压平之后就是上模子，一般拷贝纸大概放 13 张到 15 张，金纸的话，只能放 8 张到 10 张。太厚，压的纹路不好看，影响成品质量。机器压的话可以多裹一点。勒花瓣的时候线要收紧，每条勒痕之间距离一致，这样花瓣的纹路也均匀。勒完之后，放在模子上压。瓣子压完后并不整齐，所以要用剪刀再修一下两边。修剪之后，用嘴吹一下，让纸张松散开，然后两张一起揭开。

将花瓣两张揭开后，就是扎花瓣。我们用左手食指和中指

勒花瓣

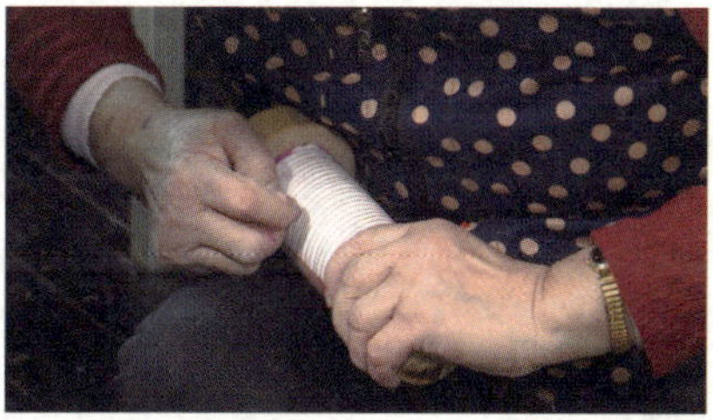

调整勒痕距离

压模子

压皱效果

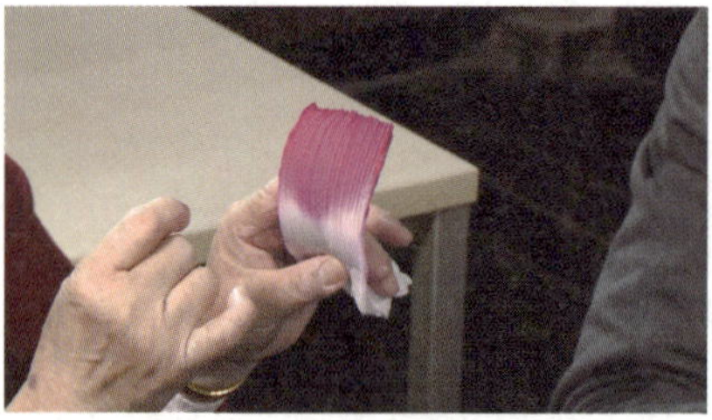

从模子上取下的花瓣

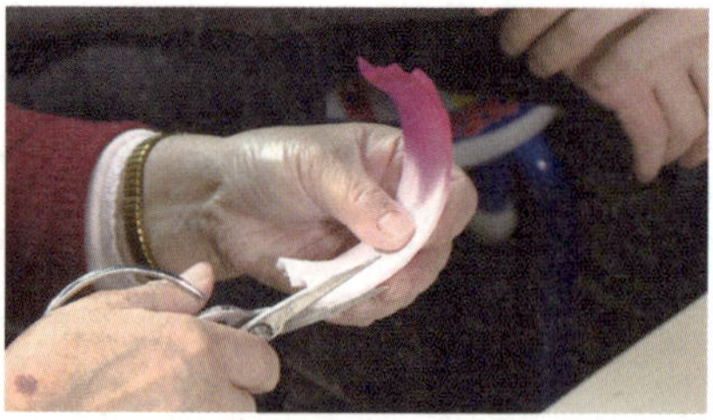

修剪花瓣

吹花瓣

两张一起揭开

夹住花瓣染色一端，露一点头出来，然后用右手将其两端向中间挤压，形成花瓣的尖尖，这时候右手掐住花瓣的尖尖，左手用铜丝将其缠牢，最后剪掉花瓣尖尖处多余的部分。这样一片花瓣就做好了。

扎花瓣

初步效果

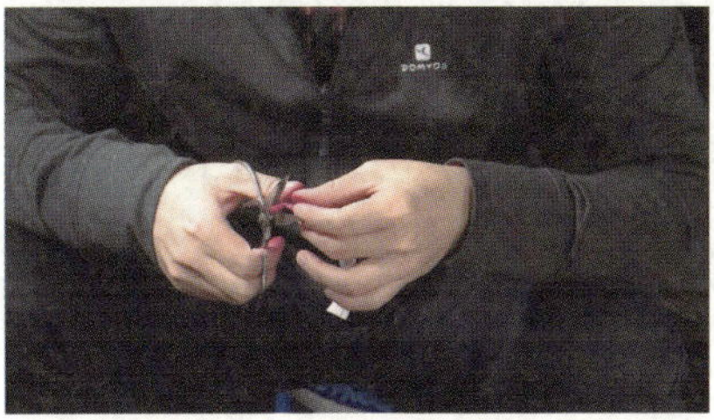

剪掉花瓣尖尖处多余的部分

花瓣成品

我们需要的花瓣不只有自己染色的红瓣，也有金瓣和绿瓣，不过金瓣和绿瓣是用买的彩色纸压出来的，压制的方法跟红瓣一样。花瓣准备好，下一步就是贴花瓣。

我们先贴金瓣，沿着第二个圈贴，正好盖住玻璃纸。贴的时候，金瓣底部先刷上胶，第一片瓣贴在兜底棱与圆圈交接的位置，第二片瓣贴在相邻的交接的位置，第三片瓣贴在两者之间，以此类推，这一层我们一共要贴 16 片金瓣。贴完之后，我们需要轻轻按压一遍，给它牢固一下。

贴过金瓣后就要贴红瓣，红瓣是依照金瓣的位置来贴的。第一片红瓣贴在两个金瓣中间稍下的位置，与金瓣形成上下左右交错感，第二片红瓣挨着第一片红瓣贴，也就是在两片金瓣

贴金瓣，盖住玻璃纸

共贴 16 片金瓣

中间稍下的位置。花瓣要交错着贴，第一层与第二层交错开，而同一层的花瓣大致保持平齐就好了。这样贴下来，红瓣大约可以贴 6 层。这里有个数花瓣的技巧，花瓣的层数不能按照垂直方向数，而应该斜着数，因为花瓣都是交错着贴的，不是垂直向贴的。

以金瓣间隙为准贴红瓣

大约可以贴 6 层红瓣

红瓣贴到 6 层就差不多了，当然也要看花灯的大小而定，总之底部要留着贴一层绿瓣。绿瓣跟金瓣、红瓣的贴法不同，它是反着贴的，绿瓣的尖尖朝下，绿瓣贴的时候不用考虑与上一层红瓣交错，而主要考虑同一层花瓣之间的距离，要匀称美观。贴完之后也要抵着绸布稍微按压一下贴合的部分，让它更加牢固。

给绿瓣刷胶

贴绿瓣

还需要特别说明的是，我这个灯的所有瓣子都是双层的，金瓣、红瓣、绿瓣，全部是双层瓣，市面上没有一家做灯的搞双层瓣，双层瓣费料子。我之所以选择双层花瓣，是因为这样显得比较丰满，立体感强，而且不容易被风吹倒。

扎花苞　扎花头

贴完花瓣之后，我们开始做荷花苞、花头等一些部件。

做花苞的第一步是扎芯子，用两片花瓣相对聚拢，再用两片花瓣在两侧将它们包住，然后用铜丝在 4 片花瓣底端捏合处缠牢，也就是说 4 片花瓣形成 1 个花芯。接下来，我们将底部刷了胶的花瓣一片片抱拢花芯。花苞的大小决定我们需要多少片花瓣，想做大一点就多包一点，想做小一点就少包一些，最后用铜丝将所有花瓣底部捏合处缠牢固，这样一个荷花苞就扎好了。还有一种荷花苞是闭合的，那就需要在花瓣尖端涂上胶，把它们合拢粘在一起即可。

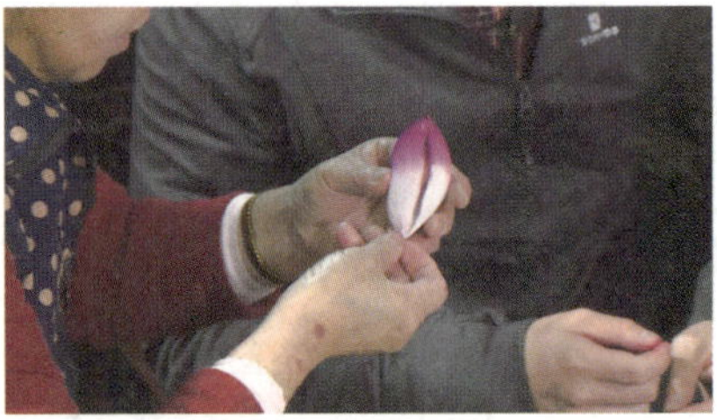

两片花瓣相对并拢

四片花瓣抱拢成花芯

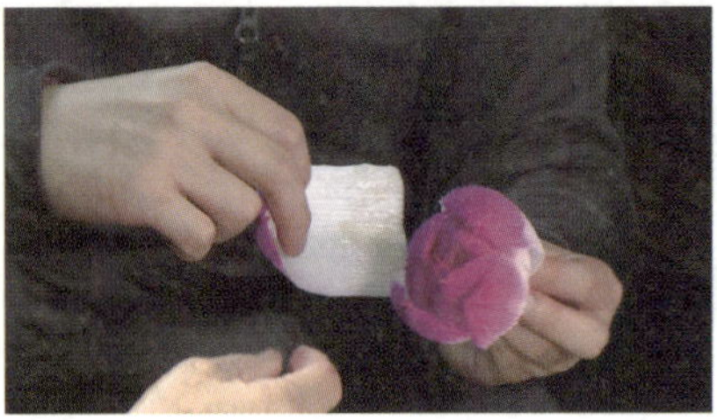

花瓣刷胶包住花芯

开放的花苞式样

做荷花苞的时候需要剪花托，托子是绿色的，我们在海绵纸上按照画好的荷叶形状剪出来，在中间挖一个洞，将花苞底端的捏合处穿过去，这样就形成了带着

给花瓣尖端刷胶

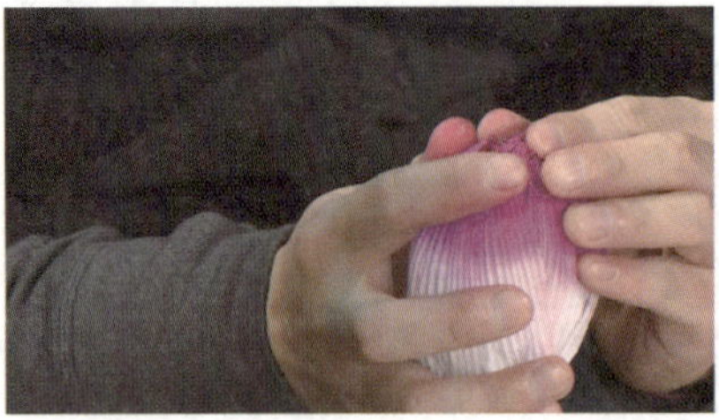

合拢花瓣尖端

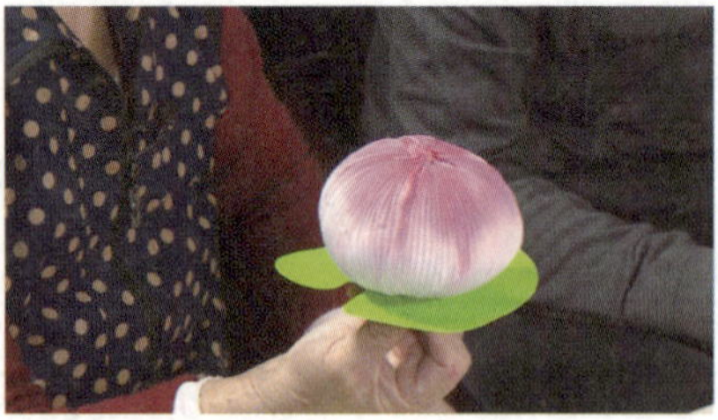

待放的花苞式样

托子的荷花苞。

除了扎花苞，我们还要扎花头。花头色彩比较丰富，有4种颜色的花瓣，另外它跟其他花型也不同。我们先将一白一红两片花瓣反向捏住，用铜丝将底部缠在一起，缠几道后加入1片黄色花瓣，缠几道后再加1片蓝色花瓣，最后将4片花瓣缠牢固就行了，是比较简单的。

当然，这里说简单，那是跟传统制作方法中其他工序相比，要是跟现在比,还是复杂。现在荷花灯的一些花头是用丝网做的，既漂亮，又省事，群众也能接受。传统手法搞4朵花费时费工，现在既省了时间，又省了材料。

荷花灯的组件除了莲蓬、莲藕、花苞、花头，还有一个是

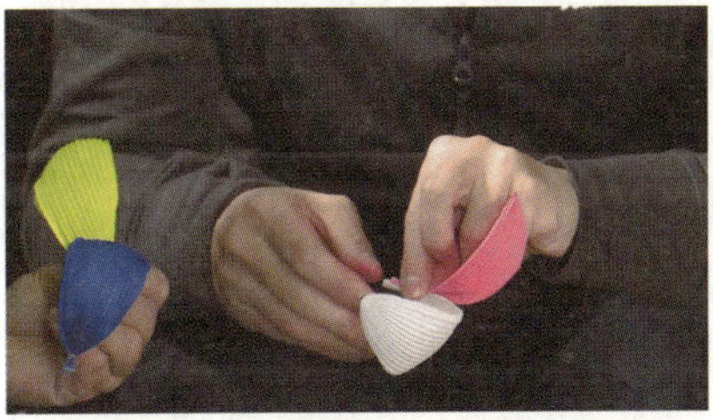

将两片花瓣反向捏住

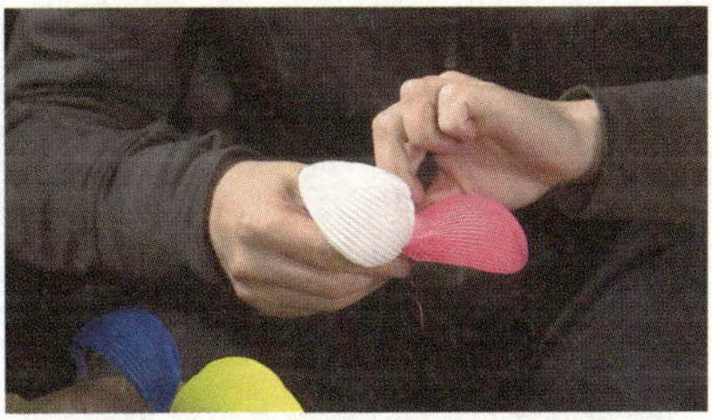

用铜丝扎牢

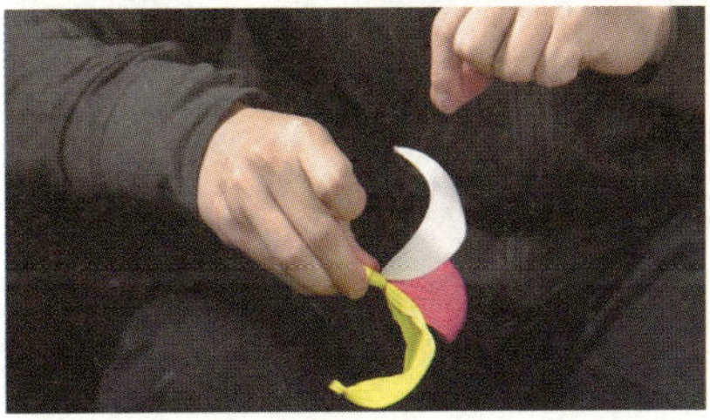

加入第三片花瓣继续缠铜丝

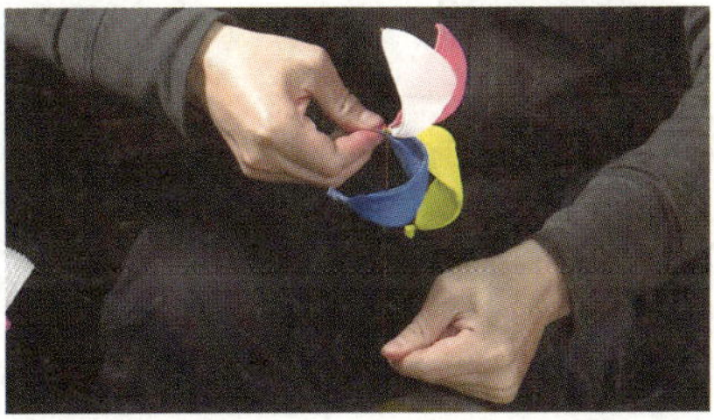

加入第四片花瓣扎牢

荷叶，制作荷叶也有几道工序。第一道是裁荷叶，先在一张绿色纸上大致画出荷叶的样子，然后用剪刀裁下来，这个过程不必那么精细，就是个大致的样子。第二道是喷水，在荷叶上喷一层水，不要湿透，只要阴湿的状态，便于后面的造型。第三道是卷荷叶，将裁好的荷叶卷在一根一头粗一头细的棍子上。因为我们荷花灯的荷叶都是卷的，不是平整的，尽管现实中有的荷叶看起来很平整，但荷花灯的荷叶要是很平整就不好看了，反而卷起来的好看，这也算是灯彩艺术的抽象美。还有就是卷荷叶的棍子一定是一头粗一头细的，不能是两头一般粗细，因为用两头一般粗细的棍子卷出来的荷叶是一个圆筒形，而用我们的工具卷出来的荷叶更接近一种自然状态。第四道是压荷叶，从粗的一头压到细的一头，让荷叶的表面有褶皱感。第五道是展平，这时展开的整片荷叶既有弯曲度，也有褶皱感，还有平面装饰的效果。最后第六道是修饰，卷一下 4 个角的边，有的灯彩艺人是卷两个角，我卷 4 个角，这个工艺没有死规矩，就是根据个人的审美来，但一定都是要卷边的。

组　装

荷花灯的基本框架及各种部件做好之后，我们就可以组装了。

我们要先给荷花灯安装杆子。我们做的荷花杆子就是一个绿色的纸套，但也有一定工艺。这个工艺跟做荷叶有点像，先选一张绿纸，喷水阴湿，让纸张更柔软，便于塑形，然后卷在一根匀称的细棍子上。卷的时候，跟荷叶不一样，荷叶最后要展开，所以就随便卷卷，但荷花杆子最终是根长条的纸套子，所以卷的时候最后一圈要用胶水粘起来，简单来说，就像卷烟一样。卷好绿纸，我们从一头压到另一头，然后稍微拉长。这样一根带有褶皱的荷花杆子就做好了。我们看这里的杆子也不是直直的，而是褶皱的，跟荷叶一样，这种有实有虚的效果更能体现出一种美感。一般荷花灯上面有 4 根杆子，下面有 4 根杆子，一共需要 8 根。做好纸套，我们把它套在预留的铁丝外面，之后就可以安装其他部件了。

荷花灯上半部分安装花头，我们把这个花头叫上花头。安装方法是将荷花灯上预留的铁丝穿过花头捏合处，然后再折下来，用钳子将其捏牢固。技术是比较简单的，最重要的是要捏牢固，不要风一吹就散掉了。

安装上端的荷花杆

安装完花头，接下来安装花苞、莲蓬、荷叶，还有 1 根藕。这时我们先把底部的铁丝拉直，然后分别折向 4 个方位，让它呈现上翘的样式。铁丝摆

将铁丝穿过花头底端捏合处

将穿过的铁丝折下去

用钳子将铁丝捏紧捏牢

好后，先安装绿杆子，再安装其他部件。

花苞是两个，安装在对角的位置，要先用钳子将铁丝折出弯勾，花苞底端插入弯勾处，然后用钳子捏紧捏牢。

安装莲蓬也分两个步骤：莲蓬底端本身就有一截铁丝，我们要在这截铁丝上刷胶水，插进绿杆子里，捏一捏，让它粘在绿杆子里；绿杆子也有一截铁丝，我们要用钳子把它折过来，等莲蓬插进绿杆子，就用钳子把它们拧在一起。

荷叶的安装方法比较特殊，要特别仔细。我们先用钳子将铁丝弯出一个勾，之后取一片

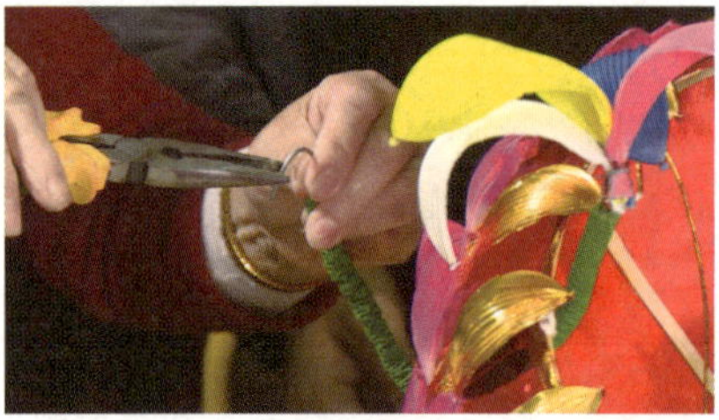

用钳子将铁丝预留部分折弯

将铁丝弯勾与花苞底端捏紧捏牢

将铁丝预留部分对折

将莲蓬的铁丝插进荷花杆

用钳子捏紧铁丝弯折处

金纸，在一面涂上胶水，然后在荷叶的中间部位也涂上胶水，最后将金纸片与荷叶粘起来，中间夹着铁丝的弯钩。也就是说，这里的铁丝不起黏合牢固的作用，只是用来做支撑，起粘合作用的是纸片和荷叶。荷叶与纸片中间夹着铁丝不好粘，所以这里一定要仔细，贴牢固，不然容易掉。

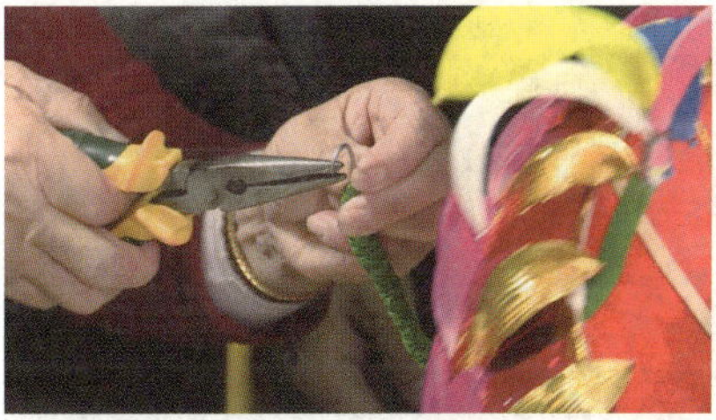
将铁丝弯成一个圆圈

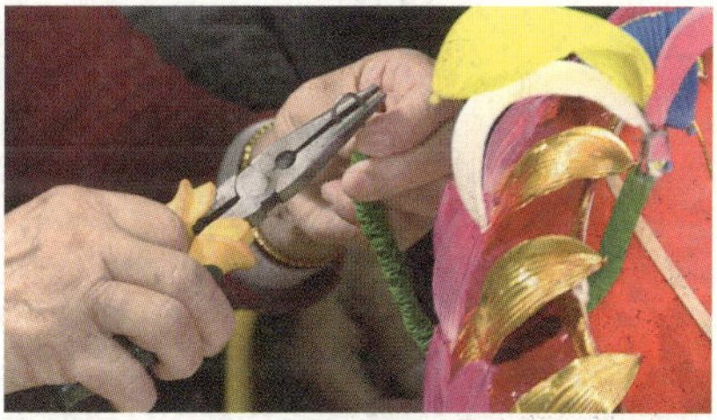
将圆圈捏平

在荷叶、铁丝圆圈、金纸片上刷胶

将铁丝圆圈夹在荷叶与金纸片之间

最后，我们把莲藕坠在荷花灯底部，组装就完成了，一盏陆氏荷花灯做好了。

确保荷叶、铁丝圆圈与金纸片粘贴牢固

将莲藕挂在骨架底部

组装完成的荷花灯

议彩话灯

○ 陆氏荷花灯

周安庆：陆有昌先生是秦淮老艺人，他们陆氏兄弟各有各的特点。陆有昌的作品是比较精到的，应该讲，他是我们秦淮艺人中的杰出代表。

他的作品，我首推上了邮票的荷花灯。荷花灯也是我们秦淮灯彩的代表作。荷花在中国传统文化中，有坚贞高洁的意蕴，周敦颐《爱莲说》有“出淤泥而不染，濯清涟而不妖”的名句，反映了其品质。

陆有昌的荷花灯比较好地体现了我们秦淮灯彩的独特魅力，既有夸张变形，也有写实抽象。他的荷花跟我们实际看到的荷花有区别，通过夸张变形，把荷花的花头做得很大。花头下面用叶子进行点缀，下面又悬了一根莲藕，这种造型真实地反映了荷花的生长姿态。综合来看，它既不违背荷花实际生长的情况，也没有舍弃夸张变形的艺术手法。在色彩的处理上，他运用了秦淮灯彩艺人发明的浸染法，浸染法是纯手工技艺，花瓣由明到暗慢慢地染成，色彩均匀。另外叶子的长宽比例运用了0.618黄金分割法，比较符合美学的原则。所以说陆有昌荷花灯的造型是很好的。

丁雪飞：我们民间灯彩协会大概有300多号民间艺人，在这中间，我们发现了一些人在扎灯方面很有潜力，他们扎制彩灯的创新能力非常强，比如陆有文、陆有昌兄弟二人，还有一些其他民间艺人。

我记得在第一次搞的夫子庙秦淮灯彩展上，他们（陆氏兄弟）送了一盏荷花灯来参加展览，我们觉得这盏荷花灯非常漂亮，当时许多人都喜欢它。那一年的春节市场上他们推出了这一款荷花灯，后来销售得非常火爆。荷花灯属于我们夫子庙地区灯彩里的特色产品，是民间灯彩推出的一个新的样式。我们那年就给陆氏荷花灯评了个一等奖。

王露明：秦淮灯彩是一项传统工艺美术，其制作工艺和泥塑、剪纸等都有关系，要有艺术性，体现出美好的样子。这十几年以来，我们走南闯北也看了很多，在江苏最起码有3种灯具有代表性，包括秦淮灯彩、苏灯、扬州宫灯。当然，北京也出宫灯，而且是大宫灯；广州出花灯，也出彩灯；西安也有灯。

我觉得秦淮灯彩应该是南派灯彩的一个典型。南北是有大趋向的，所有的工艺美术类都有南秀北犷的特点。北方的灯大，有气势，南方的灯精细，这是总的特点。这跟它的文化有关系，南方人娟秀、文雅、轻巧，灵秀如水。扬州也做宫灯，但是它的宫灯和北京的宫灯不一样。苏灯就更不要说了，是以绸布为主的。秦淮灯彩是用竹子和纸，我们灯彩艺人一再讲，最根本的就是纸扎，这些是纯手工的。一双灵巧的手用一张纸和一根竹子编出世界，编出琳琅满目的各种样儿。

我们南京秦淮的灯代表作品就是荷花灯。为什么是荷花的？这跟南京历史上是佛都有关系。莲在佛教的文化里边是至高无上的，所以有崇拜莲的文化。我觉得南京的文化底蕴以六朝时为最高，六朝人沉浸在一片佛文化的吟诵之中，这个是南京城独有的。

这个荷花灯的确厉害。它用最朴素的材料，经过最灵巧的手，以独特的构思做出来的。有一句话叫“集工美之大成”，这一盏荷花灯有几十道工艺，我认为正是工艺美术的集大成者。陆家灯彩区别于其他家的就属荷花灯，能站在荷花灯塔尖上的，就是陆氏。作家里边有“一本书主义”之说，在工艺美术领域，一个人做一辈子手艺，终归要有自己的法宝才行，荷花灯就是陆氏的那“一本书”。

○ 灯会上的荷花灯

陆敏：南京人有个习俗，每年初一到十八要到夫子庙逛一圈，当时还没有灯市。女儿出嫁时，可能会送一盏荷花灯，寓意和和美美，也会送西瓜灯，以前叫“开瓜见子”灯，这是母亲送女儿的灯，图一吉利。

那时候在人群里面，我们家每个人会以游客的身份提两三盏荷花灯，若有人总盯着你手上的荷花灯，我们就会问他一下是否需要，如果需要的话，就可以做成一笔生意。卖完之后，我们再去到不远的僻静的地方找家里人要。因为家里别的人还拿着几个灯，我们再拎过来销售，这么穿插着就能把灯卖出去。

荷花灯里有一种叫荷花小品，一个卖两毛钱。我们基本上都是用一辆三轮车运个几箱过来，在销售的时候，柜子都给人挤翻了，实在是难以应付。整车一箱一箱地来，排队的人就会问这一箱子有多少个，我们告诉他们大概有多少个，他们就会

秦淮灯彩主题木刻版画（施邦鹤　施旆旆　作）

荷花灯
岁岁平安

万象更新
闹元宵

数排队的人，问这个人买多少个，那个人买多少个，如果数出来人数太多，大概会买不到，他就不再排了。他们知道我们从老门东那里过来，就往桥那边看，要有车过来了，他们就跟着车跑过来再买一个。荷花小品在当时是两毛钱，价格确确实实不是很高。

我们刚开始卖是以荷花灯为主，飞机、兔子、狮子、菠萝等灯是后期加上的。后来我们卖到两块钱一个，两块钱在当时来讲已经算比较高的售价。有时一年下来也会换个几百块钱，那是相当不错的了。当时米都是一毛几一斤，两块钱可以换到十几斤大米。在我印象中，如果这一年的灯被销售完，我们家九口人会到老的永和园去吃小笼包，印象很深的是，那会儿吃完小笼包嘴巴都白了。因为大家蘸醋吃，醋会使嘴巴发白。

这些都是我小时候的事，那时还没有改革开放，大家买任何东西都是凭票，布要布票，连糖都要糖票。我们上学那会儿，国家给每个学生每月配给 31 斤粮食，有粮票，还有个粮证，我讲这个，年龄大的都会会心一笑，这确实是我们经历过来的时代。现在卖灯跟之前不同了，市场经过统一的规划，每家都有自己的门脸，然后缴纳一定费用。政府也提倡、鼓励大家制作荷花灯。

○ 荷花灯的创新性发展

陆有文：做荷花灯，瓣子很重要。要有角度，哪个地方该大，哪个地方该小。弧度也要有保证，不能变形。技术方面也要有保证，一片瓣子做出来，不是随随便便就行了，要讲究尺寸，所有的灯彩都有黄金比。文化局让我给别人上课，我都是毫无保留地讲了。

在变形、抽象方面，我有我的想法。我学过美术，正式比赛的时候，就要动一番心思，要出奇招。有一次比赛，我跟小孩子去了，准备了3套方案。其中一位评委是懂美术的，我们就另辟蹊径。荷花都是红颜色的，我就做黑颜色的，瓣子全黑。评委在评的时候，意见就出来了，一方说对，一方说不对。说不对的呢，说春节期间喜庆的东西不该是黑色的。说对的呢，说这又不是春节，也不销售，是要展示技术，看看谁做得好。黑颜色的荷花，现实中没有，但历史上的书画中有这个东西，为什么展览不能有。当然，出奇招也要有尺度，不是说传统的东西就要被全部否定掉。

还有一次我和毛金海参加了个比赛，做鸡灯。这时候要了解对手，知道他怎么布局，怎么打。因为对手做工蛮好，我就必须要出奇。他做的是实体的，我做的是变形的。评委一看，眼前一亮，哟，传统灯彩还能变形！而且我还把它做镂空，做了留白。留白也是一种思维的方式，任你无限地遐想。我在适当的时候留白，人家都没想到，而且留白的时候，两只眼睛可以看到我把那根蜡烛摆在里头，它就不空了。后来不好评，我们两个就都是一等奖。做生肖、动植物的灯，美术理论一定要知道，要掌握，多看书，才能厚积薄发。

我还做过变形的羊灯，也是很好看的。还有小猪灯，非常讨喜，小猪的话，憨态可掬一定要做到，做不到这点就不要做了。还有西瓜灯、荷花大龙灯。我把荷花大龙做成平的，肚子加大，可以插灯，龙身子上全部都是鳞片，鳞片从大到小，分3个等级，一条龙大概有2000个鳞片。荷花大龙进入市场，一个是600块钱。荷花呢，是用最佳的染色方式糊上去，令人耳目一新。

陆敏：我小时候帮家里做灯，剪瓣子，拿剪刀一个个剪。那会儿瓣子多，慢慢剪，一箱一箱地剪，后来逐步做瓣子，俗话叫作压瓣子，我们也叫压模子。做瓣子、剪瓣子、贴瓣子，把一片片花瓣“组织”起来，通过浸染的技术，给它吞色，这是荷花灯的一个制作环节。

我们家几代人做灯，有一些自己独到的地方。之前做的荷花灯是锅底形的，一道过大，二道过小，然后缩下来，像家里用的铁锅一样。后来我们把这个造型改掉了，改成二道大，一道小，下大上小，荷花灯正身这块更加丰满。以前做藕是用纸张的，现在做藕用绢和金属，品质一下子就提升了。莲蓬最早的做法有两种：一种是剪圆点贴在上面；一种是在一张绿纸上面再冲出孔，然后下面沾一片金纸，衬托出莲子的样子，但是这种做法相当费事，因为在冲孔的过程中，几个点的距离必须要一致。现在我们把它做成立体仿真的，造型比较协调。

如果要学所有的工序，起码要学三四年，即使那样都不一定能完全地做出一个灯。这里面最简单的是剪瓣子，只要你会用剪刀，它的要求是尽量靠近铜丝接口，把每片瓣子上面的那段剪秃，不要把扎头铜丝口剪散掉就可以了。其中最难的就是浸染，其实说难也不怎么难，只是各家做法不同，我们之间一般也不会交流这个。浸染出来的效果要吞色，上深下浅，追求自然界中荷花色彩由浓变淡的一种直观效果。只要用上浸染技术，整盏荷花灯的造型和品质都会提升，如果没有这个技术，成功的概率比较小。

我在单位工作的时候，也是做美工，一直没有离开色彩、造型方面的东西。当时我也在做自己的生意，我曾经跟人开玩笑说，我的身体在做别的生意，精神每天在做荷花灯，它已经进入我的血液里面了。

第五章

荷花之外有名灯

除了荷花灯之外，陆有昌的代表作还有“二龙戏珠”灯、“麒麟送子”灯、鸭子灯，以及“金马腾飞”等各种大型灯组。陆氏灯彩本身以制作精细见长，在此基础上，陆有昌又注入了粗犷的风格。这正体现了他做灯的基本原则，要在传统基础上不断革新。陆有昌对秦淮灯彩的创新性发展不仅顺应时代潮流，响应国家政策，而且兼顾群众心理需求。作为一名手工艺人，陆有昌真正做到了保持匠心，精益求精。

陆有昌与他的花灯

荷花灯之外的名作

荷花灯上邮票之前，我也做了不少灯：为北京亚运会做的“金马腾飞”灯组在北京北海公园展出过，也为在玄武湖公园举办的首届南京艺术灯会制作了“猪八戒招亲”“阿凡提”等灯组，还为江苏省运动会做过游龙灯组，为青奥制作吉祥物“砳砳”花灯等。“顺逆转动走马宫廷组灯”、“金马腾飞”灯、“水漫金山”灯、“敦煌飞天”灯都是大型灯组，其实用做微型灯的技术就可以做灯组。就像做手表的单位会做闹钟，而会做闹钟的单位不一定会做手表，是一个道理。会做小的，大的也没问题。

邮票灯出名以后，我们并没有骄傲，因为我们都是苦出身。在做邮票灯的基础上，我们仍然虚心钻研，精益求精，还做了很多其他的灯彩，基本每出一件作品，就能获得一个奖项。

我有对竹龙，是竹子扎的龙，可以叫“二龙戏珠”。做出来以后给人家看，评价确实不错，然后就一级一级报上去。其他的灯彩别人还能仿造，但是这对竹龙没人能仿得出来。那个竹子全部需要刀劈，根根细得不得了，然后经过烘、煮等一系列工序，整个框架没用一根线扎，我学从前木匠，全部是用榫卯连接。2015 年在江苏工艺大厦举办的“工艺美术大师优秀作品展”上，我的竹龙获了特别奖。竹龙做成后被人拿走了，没还回来。我还根据北京的九龙壁，将其缩小至十分之一，仿出一个来。我一条龙一条龙地研究，包括它的神态、色彩，还有它们之间的动作关系。灯彩的九龙壁借助灯光的效果，立体感更

荣誉证书

陆有昌：

您的竹扎龙骨架作品《二龙戏珠》，荣获2006年中国·南京第二届世界历史文化名城博览会·南京首届民间艺术节·民俗美术展优秀作品奖，特此恭贺。

南京市民间文艺家协会
南京市民俗博物馆
南京市工艺美术行业协会

二〇〇六年九月二十八日

竹龙及证书

强了，也更加形象了，现在存放在武定新村小学。

我还亲自设计过“麒麟送子”灯，50年代在夫子庙有过这种灯，我小时候见过，但后来在南京失传了几十年。传说中麒麟是一种神兽，民间有一种寄托就是“麒麟送子”。送结婚的人“麒麟送子”，就有一份祝福在里面。因为彩灯本身表现的就是祈福，所以我想把这个挖掘出来。我凭借着一些印象，结合一些人的意见，研究了好长一段时间，才制作出来。按北京人讲的，麒麟就是“四不像”，比如有的说它是马的身子、龙的头。当时设计“麒麟送子”不知道怎么定颜色，我为此沿途走访了一些南京七八十岁的老人。他们说你应该在“麒麟送子”的“子”上面做学问，儿子的“子”，跟紫颜色的“紫”同音，所以我把它的颜色定为紫色。四五十年代，由于社会各方面的限制，很多花灯样式都是死板的，也可以说就是个灯具。现在社会发展了，材料也多了，“麒麟送子”灯上的鳞片也发生了变化。为了增加灯光的效果，我尝试了好几种材料，像拷贝纸、蜡光纸、绸缎等，最终我用的是做袜子的那种花料子。这种料子织得很好，颜色是自带的，在金桥市场、银桥市场、夫子庙市场都有卖。这种料子很透明，用它做好主体后，里面装个小电器，灯一开，很亮，整盏灯就很漂亮。“麒麟送子”灯全身一共有 900 多片鳞片，每片都是手工制作的。为了让麒麟的造型更生动，我没用竹篾做骨架，而是用了铁丝，大大小小一共用了几千根。功夫不负有心人，经过 4 个月的不断钻研和尝试，我终于把它做出来了。我做的“麒麟送子”灯很大，有 70 厘米高，通上电之后紫光闪闪，非常漂亮。另外我做的“麒麟送子”灯上面有一个娃娃，麒麟的头能动，尾巴也能动，就像麒麟活了一样，很生动。做出来以后，我没有上报，但是别人看到后主动发在报纸上了，然后电视台也来采访，灯一下子出了名。上海世博会组织方、中山陵 5 号（东郊宾馆），还有农历正月十五元宵晚会节目组，都曾跑来借“麒麟送子”灯。在南京，参加了几次评比，它都拿了第一。人过留名，雁过留声。对我个人来说，它是当之无愧的江南龙灯厂之宝，应该算是除

陆有昌拍摄的素材照片

“麒麟送子”灯骨架
（金戈　提供）

“麒麟送子”灯
（金戈　提供）

了邮票灯之外的我的一件代表作。另外作为一名灯彩艺人，我觉得应该在这个世界上留下点东西。我们谈不上会做多大的贡献，只是觉得应该把这些传统的东西延续下去。社会给我们的头衔、荣誉称号蛮多的，我们要回报社会，那就要挖掘出一些好的东西来。"麒麟送子"灯就代表着民间艺人对老东西的一种寄托、一种挖掘。现在"麒麟送子"灯好像也在武定新村小学里摆着。

跟"麒麟送子"灯类似的还有"开瓜见子"灯，也是秦淮的传统灯彩。在荷花灯之后，我们重新研究了这盏传统灯彩。"开瓜见子"灯是春节期间或结婚的时候妈妈买给女儿的，或者是老婆婆买给媳妇的，希望她嫁人之后早生贵子。这里边的寓意跟"麒麟送子"也差不多，就是一种多子多福的愿望，对美好未来的一种向往。但是这个灯我们没有量产，因为它的制作很费事，这个灯要花掉将近 20 天的时间。你想啊，我们做好以后，从材料和工时来算，要卖到 300 块钱一盏。看灯的人说好是好，就是价格太高了，他们接受不了。如果不是家里女儿、儿子结婚，人家就会说算了，自己还是买一

"开瓜见子"灯

盏荷花灯吧。所以花这么长的时间，我们不如多做几盏荷花灯，还能多赚几个钱。

很多年前我们还做过鸭子灯，鸭子灯的特点就是大。因为南京人喜欢吃鸭子，出产鸭子比较多，建邺区搞了一个鸭灯会，请我们做鸭子。这盏鸭子灯是在中山陵石人石马那儿租的房子里做的，我们还雇了几个工人在那里一块做，做了五六只，每只都很大。这只鸭子的框架基本仿照菜场买的活鸭子来的，先画出个小样子，然后根据小样逐渐放大，要多大有多大。上面的色彩是我们自己勾画上去的。做这盏鸭子（灯）实际上很费事，因为要考虑到没有汽车运送，物件又大，距离又远，所以我们就必须确保框架的牢固性。你不能把老大的一只鸭子从中山陵推到新街口，再到水西门这边，最后却散架了。我会些电焊，就用 8 号铅丝焊的架子，在底下安装了弹子盘作为它的滚轴，保证它移动比较灵活，路上推不散。我焊好以后，我爱人就负责裱糊、装饰。当天，我们几个人从中山陵一直推到建邺区，推过新街口的时候，沿途公安人员帮我们维持秩序。

大的东西一般都很好做。大桥南路的盱眙龙虾店，每年都会订一只 5 米的大龙虾灯，已经连续订了 3 年。我带着个把人，按照尺寸分解开，画好，然后电焊一下，一天就能做出一只虾子。南京 1912 街区入口曾有个可口可乐公司做的广告，2010 年，他们到我们厂，定做了一只可口可乐瓶子，花了 1000 块钱，他们满意得不得了。可口可乐瓶子的制作也是这样，主要是搭架子，焊架子，比较容易，反而是小的东西很难做。

除了灯彩，我这个人喜欢在春天放风筝，自己也做了一些

2002年工人在卡子门桥下扎制恐龙灯

风筝。1987年，我曾经代表南京队参加潍坊的全国风筝比赛，也多次拿过大奖，有冠军，也有亚军，现在我还留着那些证书和奖牌。做风筝，完全是我单独学的，没有老师带，我就自己买了些书看看。因为风筝上面要画画，我还自学了重彩工笔画，画了十来年，资格仍然算是比较浅的。画得虽然不好，但基本上还算说得过去。每次参加潍坊风筝比赛，我都能获奖，有一只一根线能放5条金鱼，并且都可以飞上天的风筝在潍坊拿到了金牌。虽然南京队现在不存在了，但是我的作品还保留着。

2002年为常州中华恐龙园制作的大型灯彩

当时既搞风筝又搞灯，而我只能顾一头，就离开了风筝队，专门搞灯了。

虽然放弃了风筝，但是从风筝上学的绘画技艺，我运用到了走马灯上，移植效果还蛮好的。走马灯底下从前是放蜡烛的，后来改为放小电器或灯泡，并在上面贴一些图案。图案基本上是我独创的，我想到什么图案就勾什么图案，然后修修，用剪子把它剪剪，贴上去，就像人家剪纸一样。当然我没有剪纸的那么专业。从某种角度来看，这不算是创新，只能说是工作需要。

陆有昌与风筝相关的荣誉证书、聘书

陆有昌制作的风筝、参赛影像

创新也要讲方法

经过这几十年的磨炼，可以说我已经完全继承了父亲的扎灯技术，不仅是这样，又有所创新，也可以说将它发扬光大了。但按照孔子的说法“三人行必有我师”，三个人走路，其中必定有可以当我老师的人。我们也不见得是做得最好的，只不过我们在创新、改革方面略微向前走了一步，并且在有生之年里，我们还要不断地学习、创新，把彩灯这门艺术尽量地发扬光大，合理地挖掘传统，让群众能够接受它。

我们对灯彩的创新要综合考虑几种因素：第一，要根据时代的变化；第二，要符合大众的要求；第三，要符合灯彩技艺的特色。

首先随着时代的变革，材料也在变化。我们以前跟父亲学手艺的时候用的是竹篾子，还有把皮纸捻子搓成绳子用来扎灯。如今再找篾子就不容易了，我们现在用铁丝，或者是钢丝、扁铅丝。毛竹做的灯，今天是个圆灯，明天干了以后可能变成长的了。而铅丝结实，不容易变形，也不容易摔坏。另外毛竹做灯对选用的毛竹也有非常严格的标准，只能是隔年毛竹，不能是新竹子。新竹子容易断，还不好劈，也不好烘，难以控制材料的质量。所以从各个方面看，材料换成扁铅丝、胶布都是非常好的，算是一种时代的革新。另外以前的花是纸糊的，现在用丝网做花，既漂亮又清爽。我们从前大狮子灯里头有蜡烛签子，所谓蜡烛签子就是说花灯里要插蜡烛。现在我们一般都用LED

灯，卖的时候摆一个 LED 灯在里头，晚上要开就开，要关就关。这些材质让灯彩变得更现代了些。此外，很多小孩都喜欢弄个小兔子灯拖着跑，以前大兔子灯的 4 个轮子是用泡桐树做的，泡桐树是空心的，适合做轮子。现在不用泡桐树，我们买象棋子，打个眼，把它装到兔子灯 4 只脚上。这些大家也都能接受。

群众能接受，你怎么改都可以；群众不能接受，你一点都不能改。灯彩中有一种常见的灯是飞机灯，秦淮的飞机灯的翅膀是平的，没有倾斜，仿的是安 -2 型飞机。有一年有位记者跟我们一位灯彩老艺人讲，你这个飞机灯是老式样了，应该做成小燕子飞机，像沿海战斗机那样，翅膀朝后仰。这个艺人听了也觉得合理，就把它改了，但是这一年的春节只卖了大概五分之一。他拿回家以后重新拆散，又改回原来安 -2 型飞机的式样，第二年才把它卖掉。这个教训给我们一个启发，追求改革的同时还要考虑群众的接受能力，群众不接受，你挖掘到“死”都没有用。

兔子灯

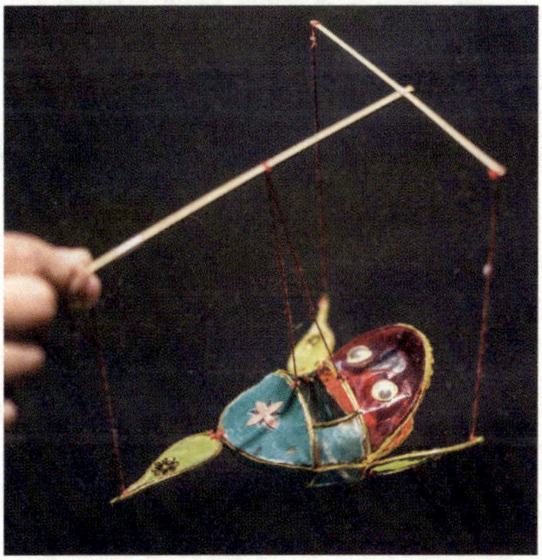

金蟾灯

到现在为止，我跟我爱人不喜欢做十二生肖灯，因为冒的风险太大。卖十二生肖灯要看天气，如果说今年天好，你就能卖得掉。但谁也不知道年三十、初一晚上会不会下雨。如果今年天不好，万一下起雨来，没人拿你灯，我们就要等12年以后再卖。这12年里，不说家里没有地方摆，这个颜色也早就变了，根本没法卖。除了受天气的影响，最主要原因是卖得少，跟群众有很大关系。

材料发生变化，工艺也要变化。我讲个通俗易懂的，你现在没有篾子了，那你就要改，像铁丝，你不可能用手扎，就得用电焊机，焊接方式一般包括两种，一种是电焊，一种是点焊。我们一般采用点焊，高电流低电压，瞬间就能产生高温，两根铁丝往那一搭，火花一起，就焊好了。所以这不光是材料变化的问题，制作工艺也必然发生变化。做灯分3个步骤：一个是骨架，一个是造型，最后一个是裱糊。再细分就是5个步骤：一个是构思，要想搞个什么东西就要构思；第二是骨架；第三是造型；第四是裱糊；第五是装饰，就像盖房子，最后我们都要请人装修一下，“麒麟送子”灯也是，搞好以后，身上的鳞片都属于最后的装饰。不管怎么讲，现在跟之前用竹条扎灯的工艺比，确实发生了不小的变化。

在灯彩技艺上的变革，也直接造成了造型的变革。在灯彩制作中，造型也是最难的。你看一个人长得漂亮不漂亮，除了看衣裳穿得好不好以外，还有体型好不好。要是这个人本身体型又矮又胖不好看的话，那穿上龙袍也不像太子。所以造型很重要。我们做灯的时候也是这样，要是造型不好，裱糊得再好，装饰得再漂亮，也不行。

母子兔灯

随着材料与工艺的变化，现在荷花灯上的花能够抽出来了，方便外地人携带。我们还做过并蒂莲，就是将两朵荷花并在一起，这是对荷花灯造型的变革。在国家出台了提倡生二胎的政策后，我爱人就想办法把单兔子改成双兔子。以前人家做的狮子灯是大的，后来我们缩为微型的狮子灯，大家觉得很可爱，很受欢迎。所以，做灯的思路既要符合国家的号召，也要符合群众的心理。

有一年，我为了让荷花灯更逼真形象，就到玄武湖公园捞了一枝真正的荷花，结果不小心掉进了水里，被管理人员讲了一顿。他们后来晓得我不是玩的，是拿它做样子，也就破例让我带走了。做得多了，我对灯彩的认识也有了变化，我觉得它表现的是意境，有些东西不一定做成真的，有些也不可能做成真的。就说我们的兔子灯，俗话说“兔子尾巴长不了”，但是我们做灯的时候，就不能不给它加长，你要给它一条短尾巴就不好看了。经过艺术加工，我们把兔子尾巴放长后就会显得更好看。我们还有一种菠萝灯，跟吃的菠萝差不多一样大，但它是用荷花灯的瓣子堆出来的，只是方法不同，它就成了“菠萝”。按理说，池塘里面的蛤蟆有4条腿，但是若把蛤蟆扎成4条腿，它就游不起来了，现在的3条腿能游、能转，比4条腿的好看，娱乐性更强。这都是现实中看得见摸得着的，还有一些看不见摸不着的就更要讲意境。我做龙灯的时候，完全是靠自己想象的。谁也没见过龙是什么样子，天上没有，动物园里也找不出一条龙来，它只在神话中出现。所以做龙就全靠意境，要做得凶，不能做得和蔼可亲的。我们的龙灯有头有尾，没有身子，因为不好做，我用铅丝、塑料管把它套起来代替身体。龙要有爪子，但我的龙你看不出来，你要问我爪子在哪里，我说它的爪子给两个云片盖住了，在云头里面藏着呢！

微型龙灯

议彩话灯

○ 陆有昌的彩灯家族

刘红： 我们先做了“二龙戏珠”，然后做“开瓜见子”，后来东西都放到了公司。这些年我们一直努力做些高档的灯，能得到这些证书和这么多荣誉，都是我们一步一步走出来的，每走一步就是一件代表作。

周安庆： 灯彩造型最基本的三个元素是形、色、光，随着科技的发展，又延伸出声、电、动等元素。灯彩综合了很多种艺术技艺，包括木艺、竹艺、绘画、装裱、染织等。艺人们通过精思巧构，创造出像灯彩这种绚烂的工艺作品。徐艺乙为我的《灯彩秦淮》作序，序中他考证，“到了明清时期，秦淮灯彩的扎作技艺已相当成熟，其品类大约达到300种”。[①] 我们现在的灯已经发展了。传统的灯往往是小巧的，大也不可能太大。

我先说说南京的两种灯，一种叫明瓦灯，一种叫夹纱灯。当时做宫灯的时候，没有玻璃，明瓦实际上是用贝壳，把它融化、冷却后，做成像毛玻璃一样的材料，能透光。还有就是用纱，

---

① 参见徐艺乙作《灯彩秦淮》序言。

在纱上面画画，清初金陵八家的一些画家，像樊圻，就在这个上面画画。龙灯也是南京的一个特色。到了清末，上新河那边每到元宵节期间，湖南那边过来做木材生意的就扎龙灯到处游街，这是颇负盛名的。

现在秦淮灯彩的种类也非常多，陆有昌除了荷花灯之外，他做的狮子灯也非常好。狮子在中国文化里是一种勇猛、力量的象征。然而陆有昌在处理的时候，“十斤狮子九斤头”，他突出头部，塑造了一种憨态可掬的样子，与众不同。

再比如他的麒麟灯。中国有四大神性动物：麒麟、凤凰、龟、龙。麒麟是一个祥瑞之物，“麒麟送子”灯有吉祥的寓意。中国是农耕社会，强调多子多福。女儿要出嫁了，带一个“麒麟送子”灯，就是说到婆家早得贵子。陆有昌的“麒麟送子”灯很有特色，它综合了鹿的角、狮的头、老虎的眼睛、麋鹿的身子、牛的尾巴，身上还有龙的鳞。陆有昌用的颜色是紫色，紫气是祥瑞之气。大家都知道“紫气东来”，取的就是这个寓意。而且“麒麟送子”灯的整个造型也体现了传统艺人的民间质朴感，比较憨态可掬。

他的作品还有兔子灯。兔子灯是最常见的一种灯。小孩到了正月十五晚上出来斗灯（或叫赛灯），拖着兔子灯，比一比哪家的灯最好看。陆有昌的兔子灯经过了夸张变形的艺术改造，耳朵那么大，还有小胡子，身上还有一些绒毛，确实好看。

王露明：2005年，全省办灯彩，就是把“四大名旦”（即云锦、金箔、金陵刻经、秦淮灯彩）拿出去展览。这灯往那儿一摆，你看观众在哪一家最集中，哪家就最好。我们往人多的那个展柜里一看，就是陆家。陆家兄弟中，陆有昌的东西比陆有文瓷实。

陆有昌与“九龙壁”灯（金戈　提供）

他的3件作品可以说是见物、见人、见品。我当时很震撼，他的“九龙壁”中的九条龙，真不是开玩笑的，纯手工扎制。九条龙用纸和竹子，编得活灵活现，而且它的比例也非常好。在灯彩里边，陈柏华也扎龙，一条圆的团龙，也不错。但是陆有昌对龙爪、龙须和龙鳞的描绘更精巧，龙的姿态栩栩如生。陆有昌扎的龙，可以讲是一种开拓创新，非常经典。他的“麒麟送子”灯也很出名。前面可能有人扎过麒麟，也有人扎过娃娃，但是把二者结合在一起的基本没有见过，陆有昌把它创造出来了。我们讲文化传承，不就是传承一种好的寓意么，陆有昌的创造就非常符合这一点，象征着祈福吉祥，代表着一种好的民俗。另外一个就不多说了，大家都知道的邮票灯。

陆有昌的三件法宝，现在他把它们搁哪儿，也没有人能够超过他。就因为这几件代表作品，咱们可以说他是一位非常好的传统工艺名家，也是一位非常好的大工匠，一位有绝技的灯彩艺人……这些称赞他都配得上。

龚文新：灯彩虽然讲起来是门手工技艺，但是它还牵扯到各项工种的技能。陆有昌是一位比较低调的艺人，默默地研究，他给我的印象是技术比较全面，各项工序都很擅长。他的手工技艺在秦淮灯彩传承人当中也是很高超的，成果也丰硕。他代表秦淮参加过一系列的手工技艺大赛，像荷花灯、兔子灯、蛤蟆灯等，都在当时得到了认可。陆有昌的做功比较精细，尤其是龙骨架，扎得非常好。他有一件作品就是龙，龙头曾在工艺大师展上展出。那件作品非常精美，我也拍了照片。他在年富力强的时候，非常注重创新，追求精美，比如说他的“麒麟送子”灯，秦淮灯彩常见的是“开瓜见子”灯，有西瓜和两名童子，寓意都比较好，而他又创作了这盏“麒麟送子”灯。

陆有昌的灯彩扎制是“夫妻档”，他的灯彩艺术得到爱人的支持，爱人也投入到这项工作当中。我们想在保护的基础上，根据家庭制作方式，形成一定的产业化，这是非遗保护部门在研究的一个课题，现在有一句口头禅叫“生产型保护”，我们秦淮灯彩应该研究怎样把规模扩大，怎么弘扬出去，这些都是要考虑的。

○ 灯彩的“常”与“变”

丁雪飞：陆有昌跟陆有文一起做灯，他们一直在做。我们每一年都举办一些灯彩的展览，他们每一年都推出一些新的灯彩，在传统的灯彩基础上创新。有一年他们搞了一些并蒂莲荷花灯，还有一年他们把老一辈的传统的“开瓜见子”灯重新推了出来，样式很是新颖。

陆敏：灯彩工艺的变化，首先是材料的变化。在我小时候，我们都是用毛竹，水西门河边有卖。我父亲和我叔父他们都有自己的篾刀，用来做篾子。他们买回来的是一根一根比较大的竹子，有时是整根毛竹。那时候住在二楼，他们在楼下把竹子劈开来，劈成一根一根的，有时劈得比较宽，卷起来暂放，需要用的时候再劈。竹子分篾青、篾黄，篾青的韧度大，可以裁细一点，劈细一点。劈竹子这门手艺我不会，从小我就没有接触过，我只会制作。他们劈出来之后，我们按照尺寸画好线，用火拿，做成圆，或做成方。但是现在这个造型用竹子是做不出来的。如果是很细的竹子，或许可以做出来，但是花费工夫相当大，而且形状不准。现在灯的骨架材料基本是金属，另外用丝织带固定，这些在造型上肯定比竹子好，而且省工，可以批量生产。当然金属和丝带也有问题：丝织带比较软，做大东西不行，但做小东西没问题；金属可以做二三十厘米的，再大的件，像四五十厘米的，金属肯定做不到，只有竹子可以。但是现在竹子很难买，水西门那边已经没有卖竹子的了。

在我十几岁之后，我对绘画比较感兴趣，当时跟省国画院徐纯原老师学了一些，学的目的是掌握灯彩的造型和色彩。通过几年的学习，我逐步能画一些东西，写一些东西，也尝试把这些东西融会在灯彩的造型和色彩中，我想跟父亲、叔父一起，将传统灯彩逐步革新。比如说狮子灯，传统的叫“狮子盘球”，面料是皱纸，我们现在改为绢子。绢没有这么多色彩，我们通过浸染的技术把色彩加上去。比如龙头，做龙是很有讲究的，一般初学者一两年内不可能学会，没有五六年、六七年估计也学不好，根本制作不出来。龙头的造型是很难的，现在我们的

荷花龙

一些龙灯，只是突出龙头，把它的身子全部剪掉，加一条小尾巴，再把卡通的元素加进去，这比较符合时代的特色。

现在年轻人要求比较高，比较粗糙的东西他是不太愿意去买的。对他们而言，纸扎的买来是为了哄小孩，或者增加节日气氛。如果他需要挂在汽车里面做个小摆设，或者摆在家里酒柜、橱柜里面作为收藏品，他肯定不会买纸扎的。因为纸扎的保不住色，不管你用什么样的方法，保个三四年就很了不起了，再久就肯定不行。如果用绢、绸、缎，那它肯定不是三五年的事，十几年、二十几年都不会变色变样，它就可以进入橱窗，成为收藏品。我们逐步在想自己做盒子进行包装，一个是作为年轻人的收藏品，一个是作为旅游产品，外地人购买收藏。政府也在做这些事，也有这种思路想把市场打开。但这个需要有吃螃蟹的人，肯定要有人在前面去做，做的人不一定能享受到这些利益，但是会给后人留下利益。

现在每年做这个的可能有100多户，单单一个夫子庙花灯市场是摆不下的，已经到老门东了，老门东城墙下面也摆了几十户人家。只要今年销售好，明年就会增加十几、二三十户人家去做；如果今年销售不好，明年就会减少三分之一的人。每年夫子庙不管做什么样的荷花灯，只要价位合理，高、中、低档都有一定的购买率，因为夫子庙每天的人流量太大，一天都有十几万人，过年期间十几天的流量。如果你们看新闻，从小年腊月二十三到最后那一天，去夫子庙的人数是非常多的。我们不讲一人购买一个，或一个家庭购买一个，就是100个人购买一个，你想想看销售量是多大。年龄大的人有买一些精品的，也有买一些传统东西的。所谓传统的东西就是老的制作方式，没有加进现在的元素、现在的想法。也有人在制作传统花灯，但是价格卖不上去。老年人买回家之后，一个是增加节日气氛，一个是哄哄小孩子。

我们有一首儿歌，“小朋友出来玩灯，不要你的红，不要你的绿，只要你一根洋蜡烛”。这个洋蜡烛是什么？以前每一盏灯里面，最大的特色是一定要有蜡烛签，能插蜡烛，至于现在要不要插蜡烛，那另当别论。时代不一样了，以前的飞机都要做很大，因为里面要插一根蜡烛。现在的小孩基本上都是住在家里面，有的邻居都不认识，小孩也聚不到一起。我们小时候住那种杂院，叫向阳院，几个小朋友聚到一起，一到春节家里面有买灯的，到晚上就拿出去，然后排成一排各人拎着灯跑，顺着附近的小街小巷跑。

现在的灯分两类，一类就是大家玩一玩的，一类是当作工艺品。从我个人来看，市场上面销售的，确确实实有一部分人是在收藏了，特别是我们灯彩陆（指陆氏灯彩）每年做的生肖，有人每年都收藏。我们曾经开玩笑说：“你聚了 11 个，我们送你第 12 个。”也有顾客跟我们开玩笑说：“我们已经聚了七八个了，快了快了。”我们在市场销售也要几百块钱，如果真有 11 个的话，我们肯定会把这个送出去，灯彩陆这点是能做到的。那种比较传统的，没有新意的东西，夫子庙也是相当多的。现在很多的制作者，并不把这门手艺当作一种需要去追求，很难投入全部的精力进去。

从前做灯，不让卖也得做，也有顾客。现在国家政府支持，销售量特别大。我觉得它的生命力能够一直延续到现在的原因就在于“传统”二字。我们每个人都有恋旧情节，就是恋传统。就像我的孩子是广字辈，他叫陆广红，这就是传统。如果你家里面要拆迁了，你会回去看你原来的老房子，不管现在

白象灯

蛤蟆灯

鱼灯

变成什么样，你到那个地方就会想起当时是什么样。传统这个东西不是我嘴巴讲怎么传统，政府也在号召，也在弘扬这些东西，一个民族确确实实要有个传统，没有传统就不可能发展。不记住前面这些好东西，它就会被历史淹没，逐步地被淘汰掉。

现在有些人确确实实唯利是图，静不下心来。我可以一天做 10 个小时，而现在的徒弟不可能做到 10 个小时，做两三个、三五个小时已经是相当不错的了。他们总会找出理由来，有这个事、那个事，他也不讲做不下去，但是他跟你学这个东西，他肯定跟你讲自己特别喜欢这个东西，所以想学。但是他做不下去，你叫他做个几天，是绝对不可能的，现在他们都做不到耐心。而我的精神思想是在这个上面的，总要想怎么样去变，怎么样去改，包括面料、造型、后期的效果等。

如果去掉灯彩、灯会这些东西，过年就没有什么气氛，这就是传统。政府现在也在扶持这些东西，秦淮灯彩完全可以代表传统文化里面的一部分，我作为传承人非常乐意把灯彩传统传承下去。

第六章

灯彩传承是使命

国家级非遗传承人是陆有昌获得的最高荣誉，也是众多荣誉之一。在陆有昌看来，这些荣誉虽然代表着作品被肯定，但成绩属于过去，他在晚年唯一的心愿便是将灯彩手艺传承下去。外出讲学、宣传普及、手艺展示、收徒传艺……为了传承，陆有昌竭尽所能，有求必应。如今，这位手艺人已经永远离开了这个世界，但他的灯彩始终照亮在人类文明的历史中。沧海桑田，世事变迁，灼灼之光，永照世间。

陆有昌工作照

以荣誉为新起点

或许因为电视上多了，报纸登多了，我的作品引起了关注，得到了大家认可，也被区里发觉，然后选入了秦淮区的灯彩传承人，后来又由区里选到市里面，再由市里到省里面。2008 年 2 月，经江苏省经济贸易委员会批准，我入选成为江苏省工艺美术名人。2008 年 11 月，南京市文学艺术界联合会、南京市民间文艺家协会授予我优秀民间艺术家的称号。2009 年 6 月，中华人民共和国文化部颁发证书，我成为国家级非物质文化遗产项目秦淮灯会代表性传承人。2011 年 11 月，江苏省人民政府又授予我第五届江苏省工艺美术大师的荣誉称号。这是一步步升上来的，不可能由一个普通的手艺人，一下子升到省级、国家级。另外有个特别奖——2015 年南京市工艺美术大师优秀作品特别奖，由江苏省工艺美术协会、南京市民间文艺家协会、南京市工艺美术总公司等共同颁发。当然，这些奖项和荣誉都代表着一些作品，但这些作品中分量最重的还是邮票灯，也可以说这些荣誉都跟邮票灯有关。

我成了国家级传承人，但是哥哥因为种种原因没有被评上。他基本没有什么抱怨。2006 年，4 个人送作品供邮政部门挑选，有他的，最终我的作品被选上了，他的没有被选上。要是选中了他，我也没有话说；要是没有喊他参加选拔，那是上面不对；喊他参加选拔了，但没选上，这个票也不是我投的，是国家文化部来人选的。我们两家还蛮好的，我们两人关系也还可以。

证书
中华人民共和国文化部
二OO九年六月
命名陆有昌为国家级非
物质文化遗产项目秦淮灯会
代表性传承人。
03-1466
荣誉证书
陆友昌同志：
在弘扬秦淮民间灯彩艺术中做出突
出贡献，特发此证。
以资鼓励。
南京市秦淮区人民政府
二〇〇〇年五月二十六日
授予 陆有昌 同志
优秀民间艺术家
荣誉称号
南京市文学艺术界联合会
南京市民间文艺家协会
二〇〇八年十一月
荣誉证书
经江苏省经济贸易委员会批准，授予 陆有昌 同志
第四届江苏省工艺美术名人荣誉称号。
荣誉证书
经江苏省人民政府批准，授予 陆有昌 同志
第五届江苏省工艺美术大师荣誉称号。
江苏省人民政府

陆有昌的部分荣誉证书

表面上我家哥哥不吱声，至于他内心怎么想的，我不知道。也许他心里不舒服。

他有 3 个小孩，够他烦的了。他在中央门汽轮电机厂上班，早出门晚回家，回来还要忙家务。我们属于小单位，下班早，时间比较充足，靠家又近，所以我们时间比较多。另外，他也没有抓住好机会。2016 年评省级大师时，那段时间他带着老婆、儿子、女儿出去旅游了，政府部门喊他 3 天之内出东西，他也没赶回来，别人送过去了，给别人选上了。实际上他要是把作品送去，也能评上省级大师。一个好的机会给他，他把这个机会失去了。不光是这一个称号，没有省级称号，国家级称号也不能评，只有走市级、省级，才能到国家级。省级失去了，不可能由市级一下跳到国家级。还有一点，国家级传承人需要有国家级奖项的产品，他没有，也是蛮可惜的。但是他的级别蛮高的，技术蛮好的，不亚于任何人。尽管我现在是国家级的传承人了，在我心里，我们两个水平相当，他技艺上已经达到国家级了。现在花灯市场上他卖的灯价钱最高，质量也最好，要是非说有什么欠缺的地方，就是时间上慢了一点。

现在走的这条路，南京市只有两个人，除了我，还有一个是顾业亮。国家补贴我们一年一万块钱，每年到春节的时候，它自动拨款到账户上面，后来改成了两万。你做不做活，国家会知道的。

获得了很多荣誉之后，我的访谈变多了，想要采访了解情况的人也变多了，这是没有办法的。因为群众认可了，报社、电视台等就必须要来采访，其实采访的内容主要是了解个人的

封面人物：陆有昌

态度，让我谈谈对将来的希望。印象比较深刻的采访人有南京日报摄影记者蒋逸民。那时候他经常到厂里来，只要一出好东西了，报纸上一登，他就来采访。还有江苏电视台的，现在具体人名字记不得了，他们也常来，报纸上一登他们就过来。对于这些我们还是比较高兴的，登报纸的话，只要报社告诉我哪一天出，我就多买几张留着将来做个纪念。至于电视上面，我也常看到自己，厂里面人也看过。看过也就看过了，成绩代表过去，以后还得从头来起。我们就是这样的想法。

为传承有求必应

到现在为止，我跟我爱人想法一样，虽然已经有这么多的成绩了，但做人仍然要低调，对外不主动跟人家接触，闷头在厂里做活。我们两人办了十多年厂了，我们给外面的印象还是比较好的。

我们基本不参加大型活动。快到过年的时候，有些人打电话来，说是请我们去开会，把车位留好了。我也没有汽车，只骑自行车，一去开几天会，厂里生产怎么办呢？所以一般我们都不去这种大型应酬场合，会婉言谢绝。

但关于传承和教学的活动，不管哪方面，只要需要我们，我们都会配合。他们来采访都不要钱，就是要人陪着，他们要问一些事情,这个时间我要腾出来。我们每年都会做一些教学灯，尽管教学灯利润少，但我觉得不能不做。

那几年忙，就算是这样，每年我们也会坚持做一些传承的工作，比如去学校上课。不过那时候我都是给老师上课，今天先让几个老师来，我把他们教会了，他们回去再教学生，不然我们忙不过来。也有人跟我们提过办培训班的事，但办培训班需要租教室，我们没有赞助，付出了时间，还得给人家钱，我们两个人没有那么大的能耐。我也不愿意收学生的钱，不能说到我这学习，我还要一个人交多少钱，那人家认为你是拿他们做生意赚钱，味儿就不对了。我们除了把东西做好之外，还要考虑社会影响。怎么说呢？深也深不得，浅也浅不得。深了，

陆有昌教孩子们制作花灯

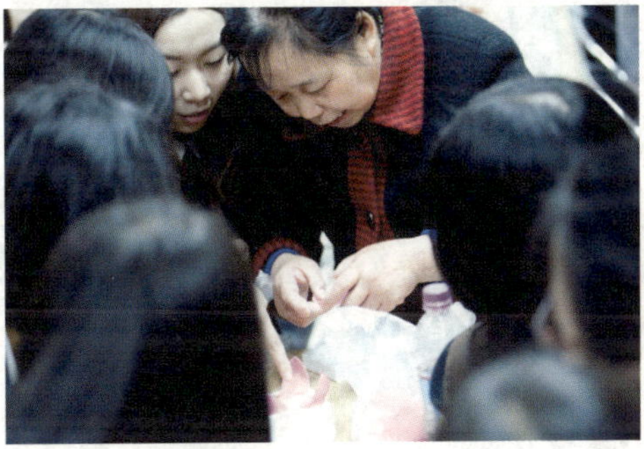
刘红为学员演示扎灯技巧

人家接受不了；浅了，我们自己亏了。

后来我们时间宽裕了，参加的活动就多了，大多还是义务的，我们基本上没有让他们给资金上面的帮助。比如说有人喊我们去布置大商场，我们就跟他讲要怎么布置比较漂亮。有时候，车子来接我们，我们去了以后，布置一下，中午吃点便饭，做完就回来了，不收其他费用。因为在外面我们觉得还是要奉献一些的。

教课的话，一来电话，我来者不拒。考虑到自己是传承人，人家相信你，我就不能不去。哪怕小学、幼儿园找我上课，我都愿意去。南京林业大学、南师附中、南师附小，我都去教过灯彩课。一堂课300块钱，人家给钱不给钱问题不大，只要人家请我，我就去。路近的，我自己打车，或者是坐公共汽车去；路远的，人家来车子接我。因为本身吃的这个饭，我是国家级传承人，又是江苏省工艺美术大师，我是有请必到，有问必答。我们也会针对不同的年龄段教不同的东西。

比如去的是幼儿园，我们就教幼儿园做的东西。带着水上漂许愿灯，放在水上沉不下去的，灯里点上蜡烛，蜡烛点光了以后，它烧不到底下，底下是底托。这样的灯简单，小朋友们喜欢玩，也比较安全。

我在南京林业大学上课的时候，坐了一礼堂的人，大概有一两百号学校的师生，他们都感兴趣。一个多小时课，我家爱人带着他们手把手教，跟他们一步一步沟通，他们很喜欢，表示回去以后继续把彩灯做下去。

南京浦口的一所学校有一位老师叫刘士槐，他请我去讲课，我教他们做兔子灯。那是夏天去讲的课，学生们听过以后，买些篾子扎了兔子灯，过年时放在浦口的街上卖。他们把卖的钱交学费，买书本，见到实际效益了。他们在业余时间的爱好能

陆有昌、刘红夫妇教学员扎制花灯

陆有昌为学员讲解灯彩扎制理论

够换来一点经济效益，贴补学习费用，我感到挺高兴的。

一般天热之前邀请我上课的人特别多。我到哪里上课，都带着我爱人，我们各人带着各人东西，我讲理论课，我爱人带着他们实际操作，配合得一直蛮好。有时候我也带我家女儿、我的小外孙，去帮帮忙。女儿、女婿都支持我们，工作之余，他们都来帮我们忙，一直是这样。不过大多数情况下是不行的，我家女儿，她在南京市十四所上班，工作相当忙，有时候支持不起来。

我自己现在也做不了多少了，因为年龄大了，坐久了腰吃不消。当然如果是讲理论，我基本上还是没问题的。我不是讲晦气的话，今年能出来讲，还不晓得明年能不能出来。我都70多岁了，我想在有生之年里，只要有机会，我还是愿意给他们上秦淮彩灯课，去大学、中学、小学都好。我愿意把我们这个秦淮彩灯更好地发扬光大，让它代代相传，不愧我到世上来一趟，也不愧国家级传承人的名声。

灯彩之艺永相续

对于灯彩的传承，传承外面的是传承，传承家里的也是传承。我年龄大了，我跟我家爱人有灯彩技术，当然希望我家女儿能接我的手艺，继续做我的灯，然后再教给我家外孙。

我家女儿基本上能做一些兔子灯、荷花灯，但是她有工作，没有办法继续学，继续做，只有在业余休息时间，我能教教她。她下班以后，家里事情全都安排好，才能抽出时间，看今天爸爸妈妈做什么，给帮点忙。她做人事经理，上班工作忙，要她把工作辞掉，专门来给我做灯，这是不客观的，也是不现实的。如果丢了工作，她生活怎么办？一天一天要吃饭的，光靠扎灯不能保障生活。我家爱人也讲，我们是一年靠一季、靠着十几

陆莉的获奖证书

天卖钱，供应不起她现在一年的生活。像我女儿说的，十个指头都拉出血口子了，还挣不到钱，学这门手艺有什么用？各人有所爱，她不愿意走这条路，我也不好讲她，因为父母亲不好强求。孩子大了，她自己走自己的路。目前看，她走不了灯彩这条路了。

我家小外孙也是这样的情况。小外孙也会一点扎瓣、糊瓣。他在夫子庙小学读书，周末如果要在外面上课的话，他就去上课。不紧张的时候，或者功课做完的时候，我就带上他到外面去，教教中学生、大学生。好多南师附小、南师附中的同学都比他大得多，我带着他，也是让他跟人沟通沟通。小鬼 11 岁出去，到过南京林业大学，夫子庙几次活动我也都带他去过。不管多大的人，他也能教人家怎么做灯。我们出去讲课的时候带上他，目的是让他感受感受做灯的不容易，还有体会来自秦淮彩灯的源源不断的信念——爷爷传给我，我要往下传。他学了这门手艺，长大以后也会一代一代往下传，这是我的目的。但是我也知道，我只能培养他对做灯的兴趣，但不能要他以做灯为生。因为他功课很紧，也蛮烦神的。他要弹钢琴，钢琴已经过了 6 级了，在往 8 级走。他还喜欢打篮球，要上篮球课。所以我也不愿意拖着他，只能在他课余时间，在不影响功课学习的情况下教他。

时代不一样了，我们那时候是 8 个小时上班，回来之后就忙自己的。我们把家里事情料理好，小孩写好作业，他们睡觉，我们开始做灯，做到两点钟，人家炸油条的上班了，我们才睡觉，睡几个小时起来，早上忙好又去上班。那时候生活苦，没办法，不得不做灯。我们夫妻俩工资相当低，最好的时候一个月就拿到 204 块，多数时候拿不到这些，这个月能拿，下个月就拿不到。那时候我们仗着年轻，还有些空余时间，为了补贴家用，就选择了这个行当。现在年轻人的工作竞争比较厉害，不像以前吃大锅饭，他们没有空闲时间，工作忙，下班了也要忙，没有多少做灯的时间。就算有做灯的时间，他们想这个时间还不如做点别的，做灯又挣不到几个钱。

我曾经也收过几个外面的徒弟，想着这也是一条传承的路子，并且我不会说教家里人跟教外面的人不一样，比如这一项技能我不能教给他，像别人说的教会徒弟，饿死师傅，我在教他们的时候都是一视同仁。另外我也没有说，这个技法我教给你了，但你要保密，不能教给别人。我本身是国家级传承人，我收徒弟的目的就是传承，让中华民族的优秀的灯彩传统技术延续下去。

但来我这里学习的，每个人都有自己的目的。有人到这儿来学，首先要问，我到这儿跟老陆学扎灯，老陆你一个月给我多少钱。其实这是很自然的一桩事。也有人来厂里当学徒，他说跟我学做灯，不要厂里工资，可是刚学了 3 个月，他认为学到手了，就回家自己单独干去了。像这样的徒弟我也见了不少。曾经在龙灯厂的时候，有一个女的，40 多岁，学得比较好，从一开始办厂就在那学，学了有十来年。后来她儿子结婚，她就回家带娃了。我的徒弟有苏北的、苏南的，现在基本上不来往。有的徒弟现在仍然在做灯，比如东善桥这个老徒弟，比我年龄还大，还在做灯；至于苏北那几个徒弟，在我龙灯厂学了做灯、做风筝，当时是想回家继续做灯，听说他们后来改行了，改行后经济收益来得更快一点。做灯一年到头才看到一次经济效益，老干这一行，也枯燥无味。年轻人怕苦、怕累的太多了，他们爱转行，选择了自己走的路，我也不好强求人家。他们只知道学完之后为了自己，没有说想着这项手艺怎么传承下去，或者说尽一些孝道。我也不生他们气，反正个人所爱，他们愿意干什么就干什么，我也不悲哀，也不高兴，感觉到无所谓。

我跟我父亲学手艺的时候，他曾经跟我讲过一句话：学扎灯容易，但是做人难。做人做不好，这个灯就扎不好。所以学扎灯的同时，一定要学会做人。师傅领进门，修行在个人，师傅把你领进这个行业，除了你喜欢这一行，还要看你自己的造就，看你的态度，看你的素质，这样才能扎出好东西来。其实来我这里做学徒的，3 天之内我就能看出这个人的品行。素质高学得快，肯吃苦耐劳的，他会主动地问你，遇到这样的学员，我们会多教一点。因为扎灯是个手艺活，就得能吃苦，肯学习，而不是跟在你后面比画着学。目前我还没见过没学几个月就学到手的人。所以教徒弟也要看缘分，看能不能遇到好的徒弟，素质好的教得了他，素质不好，想教他也不成。

我们从前考虑的是吃饭，补贴家用，现在考虑的就是传承。以前饭都吃不成，谈传承是不客观的。我们那时候没有说要光大，也不谈艺术。现在我跟我爱人两个有退休工资，吃饭也够了，不会跳舞，也不会打牌，就一闷头地研究灯彩。我想为秦淮灯彩的传承做点贡献，因为我本身工作就是传承，业余工作也是传承，我想要把秦淮灯彩一代一代传下去。

我们 70 多岁了，也做不了两年了，因为眼力方面、体力

陆有昌出席国家级非物质文化遗产传承人颁奖仪式（龚文新　摄）

方面都不行了，一年不如一年。趁在最近这几年当中，我们人还在，身体也还可以，多少还能讲一点，还能做一点。年轻人要想学的话，只要人品合适，我愿意教给他们，把我的技术，把我的手艺全部传下去。现在没找到有这种真正爱好的年轻人来学这门手艺。如果说是一时爱好，一时想法，学过就算了，那就学不到一定的技术，要学两三个月以后，基本技术掌握了，才能真正做出东西来。我希望社会上有这种想法的人来学扎制灯彩。

在目前较为年轻的传承人里面，我认为陆敏是一个重要的代表性人物。他年轻，已经多年坚持做灯，有了一定的成绩，并且也愿意钻研灯彩，他将来肯定能做出更多好的花灯。如果讲灯彩传承的话，我们这一代过去之后，陆氏灯彩的命脉一定是延续到他的身上，从整个秦淮灯彩来讲，早晚有一天他也要接过传承的接力棒。

议彩话灯

○ 非遗申报与保护

高安宁：从 2003 年开始，江苏省专门发了文件，所有的非遗项目都要进行申报，秦淮灯会、秦淮灯彩是两个项目，分别进行申报的。申报秦淮灯会的时候，我请周安庆来做这个方案，负责前面的历史趋势部分和相互论证部分，吴超负责后面的政府保护措施部分，他们两个合作出了完美的申报书。我认为我找对人了。当时非遗申报刚开始搞，秦淮灯会可以一下报到省里边，然后省里边报到国家文化部，批下来就是国家级项目。现在不一样，首先要申报区里面项目，成了区里边的项目之后，再申报到市里边，市里边批准之后到省里边，层层申报。十几年前没有这个要求。

有一些地方政府认为把项目申报下来就了不起了，结果停留于获得的一项荣誉，但我们秦淮区不是。我们把这个项目作为保护工作的新起点，申报之后，秦淮区委、区政府根据国家的要求，进一步做好保护工作，这个保护工作主要侧重于几个方面。

第一，是对灯会文化空间的保护，就是对硬件环境的保护，比如夫子庙、秦淮河、白鹭洲，还有明城墙。硬件建设很费钱，当时秦淮区也比较困难，但是为了保护好灯会，我们坚持首先要对夫子庙秦淮风光带进行改造，区里面都有计划，今年做哪一块儿，明年做哪一块儿。现在的夫子庙应该说是古色古香的，我看效果还是非常好的。

第二，是对项目自身的保护，我们通过一些文字的记录，比如，周安庆先生写了本秦淮灯彩的书。区文化局做了大量的工作，对民间艺人分别采录，了解他们的具体情况，留下了一些录音、录像等资料。

第三，是落实到对每一位灯彩艺人的保护。灯会是文化空间概念，是由灯彩营造出来的。根据国家要求，政府要对民间扎灯艺人，根据不同的传承级别，比如顾业亮、陆有昌是国家级传承人，还有省级的，给予一定传承津贴、补贴。再比如，我们夫子庙每年搞秦淮灯会，灯会期间有灯市，这些扎灯艺人要在灯市上卖灯，夫子庙管理局对他们有一些优惠。原来每个人交的场租费，后来逐步降低，这种优惠措施也是对灯彩艺人的保护。

第四，是对传习基地的保护。秦淮区政府、秦淮区文化局对这项工作很重视。比如秦淮区考棚小学，成立了一个少儿艺文苑，它里边项目比较多，有我们秦淮的各种民间艺术，秦淮灯彩是其中的一个重要项目。另外秦淮区武定门小学专门搞了个秦淮灯彩馆，作为一个校本课程，全校的学生都来上这门课，老师也参加学习，了解秦淮灯彩一些历史文化知识，掌握一些扎制的技艺。灯彩活动搞得非常好，而且秦淮灯彩的一些大师每年每学期都会到学校讲课，传授灯彩的技艺，传播秦淮灯彩文化。

王露明：2003 年，我国由教育部部长周济率团出席了联合国教科文组织第 32 届大会，这也是我国首次由正部长率团出席该大会。2005 年，第一批国家级非遗开始申报。按照道理，应该是从基层一级一级地报到国家级。但我们当时就是这个步子，走得非常急。因为非物质文化遗产保护工作在国际上已经进行了很多年，像东南亚地区、日本、韩国，都早早地走在我们的前面了。因此，在 2005 年一开头我们就开始申报国家级的非遗，这对于各省、市都是一项艰巨的工作。面对这样的形势，南京拿出什么传统文化的项目进行申报呢？这项工作来得急，任务又特别重，但是值得庆幸，也是值得自豪的事，作为六朝古都，它肯定有能够代表我们中国的项目、遗产。当时我们有 4 个项目作为后备，我们那个时候讲“四大名旦”，即云锦、金箔、金陵刻经、秦淮灯彩。

这个申遗的过程还是非常值得回忆的，因为它有一个绝对出彩的开端。第一次接受北京来的专家团的考验是在一次大的会议上，全省各市都带着自己要申报的项目参加了这个会。这是一次专家面对面授课和答疑的会议，也是一次试探：你这个城市能拿出什么国宝级的遗产来进行申报？台上坐的都是北京来的泰斗。我记得专家讲完课以后要互动，但是会场鸦雀无声，因为大家都憋着宝。我当时是毫不客气的，因为我们南京作为江苏的省会城市，那就应该做出表率，所以一开头我就跟专家互动。我当时问的是那位古琴专家，是中国艺术研究院的一个老领导，而且是非遗评委的副组长，是很权威的。当时我就把这“四大名旦”给抛出来了，其他的几个都好理解，都跟手工艺有关系，唯独这个灯彩，在报灯彩的时候，应该怎么报，是比较难的。

秦淮灯会

因为当时接触到一个新的名词，是联合国教科文组织申报细则里边的，叫文化空间，对我们来说这是一个新的概念。我跟秦淮的同志参加过关于申报的学习班。我就讲，我们不要报秦淮灯彩，应该报秦淮灯会，因为这是一个文化空间，这是一个大概念。非物质文化遗产和我们传统概念里的民族民间文化、工艺美术并不完全一样，它是一个世界的概念。秦淮灯彩的主战场就是秦淮灯会，并且秦淮灯会的面大，它能够代表我们南京的民俗和它的历史文化。老专家听完就讲，南京的同志说得非常好，应该是秦淮灯会，一定是这个文化空间。

没有过多久，这 4 个百分之百地录取了。而且秦淮灯会是全国第一批，大概是 90 多个国家级项目里唯一的一个以文化空间申报成功的，后来在全国引起了轰动。这就是我讲的特别出彩的开端。十几年过去了，现在回过头来看，我们当初的选择是绝对正确的。

丁雪飞：大概 2000 年的时候，当时的文化部下来一个通知，可以申报灯会，不过有一些规定，这个灯会如果要申报，就得符合这些规定：一个是要求有一定的基层队伍，就是民间艺人的队伍；另外要看举办过多少届灯会。我们感觉秦淮灯会可以申报。当时其他省市申报的有各种艺术之乡，比如“龙灯之乡”，我们申报了“灯会之乡”。

申报工作是由区文化局来做的。我记得资料基本上都是我在整理。首先我们有民间灯彩协会，有基础的队伍，另外有好几届的灯会的藏品、展览的一些内容，还有好几届灯会方案、灯会的摄影，以及历届灯会电视台拍摄的一些录像、为灯会写的一些书，等等，内容很丰富。我们区里的领导写了一封信专门介绍秦淮灯会，为夫子庙灯会做了一个宣传片。我们上报到

秦淮灯会吸引了海内外大量游客

国家文化部，后来申报成功，秦淮区被命名为“中国民间（灯彩）艺术之乡”。

○ 传承人的工作

王露明：陆有昌把灯彩艺人的手艺看得跟普通纸扎工艺一样。纸扎工艺是从红白喜事的纸扎手艺来的，丰年的时候扎灯，荒年的时候就扎红白喜事。我们剪纸艺人也是，南京最早的剪纸就是剪鞋样，还有就是斗香花，到过年的时候剪点喜字，后来变成了一种美术形式，变成了一门艺术，最后剪到中央电视台去了。

作为一名非遗保护工作者，我们觉得要是秦淮灯彩评选一位非遗传承人，那么应该是陆有昌。你想，他10岁开始跟着长辈做灯彩，那真是一纸一捏，他的技艺全是这么捏出来的。这几十年死死地坚守在这，你说他做了多少灯，他给我们南京人带来了多少吉祥！没有他们的存在，秦淮灯会算什么灯会？就有名无实了。前几年我跟他接触的时候，他有一句话的的确确触动了我，他说"不是我们不愿意传，而是别人不用心学"。

当时评的第一批国家级非物质文化遗产传承人，秦淮灯会有两个人，一个是陆有昌，一个是顾业亮。陆有昌年龄大，辈分也大，得名比顾业亮早，在手艺人口里边论资排辈，他应该是老大哥。陆有文、陆有昌这二位应该是顾业亮的师叔辈。

"秦淮灯会"传承人荣誉奖牌

丁雪飞：当时申报国家级非物质文化遗产代表性传承人时，我们选择了陆有昌和顾业亮。那个时候，他们俩参加过一些活动，陆有昌的荷花灯被选上邮票灯，顾业亮是参加了全国性的灯彩展览，这个我也参与了。

在他们成为国家级传承人之后，他们又配合政府做了些工作，比如陆有昌做了很多传承工作，参加灯会的一些扎制活动，为企业、各种文化活动提供一些灯盏，另外参加一些学校里面的传承活动，基本上是无偿的，为企业之类，是有偿的。国家级传承人每年都有两万块钱的补贴。区里面这一块儿补助基本上没有，一般是组织活动，他们可以卖灯，有一些小小的收益。

我退休已经10年了，陆有昌带徒也就是最近几年的事情。他带的徒弟不是很多，因为他身体不太好。但每年到点灯仪式的时候，陆有昌都会出场。另外我们每年需要一些礼品灯或者装饰性的灯，就找他们几个人做，都是有偿的。

龚文新：陆有昌成为传承人以后，传承这块儿做得还是不错的，譬如说有一些比赛他会去做评委。他自己家的女儿不做这一行，带的徒弟也很少。他们两口子对这个东西、这个行当有自己的想法。陆有昌跟我讲，有一些人主动到他们厂里头（江南龙灯厂）做工，他教了一段时间以后那人就跑了，跑走之后自己开灯彩厂。这个事情对他的影响还是很大的，也是一个教训。所以他对传承这个东西，相对来讲比较慎重。

现在讲生产型保护，这要求很高。我看首先要解决好这种家庭式的关联问题，这是我们从事非遗保护工作人员要研究的课题，保护非遗要保护人家的积极性，同时也要把生产规模扩大，而且还要保护人家的知识产权。我认为生产型保护代表着非遗保护工作从现在开始进入了深水区，下一步怎么保护，要集思广益去研究。

我在当馆长期间，为了做非遗保护工作，跟工会合作搞过几届灯彩大赛，还是有触动的。它一方面普及做灯这门手艺，

秦淮灯会

比如原来不会做灯的人，加入这个队伍之后，现在会做灯了；另一方面，它对灯彩艺人有指导性，做得比较好的有什么经验，有什么好的想法，在灯彩技能大赛上拿出来展示，通过评委评选，指导艺人做灯。陆有昌担任过评委，因为他长期从事这一行的工作，更有发言权，而且他也注重创新，也有独到见解。我们现在还在搞这个活动，规模也扩大了，不一定完全是灯彩，一些手工项目也加入进来。活动的地点也变了，原来在夫子庙尊经阁里头，现在都到夫子庙广场了，规模越来越大，影响也越来越大。

参考文献

[1]许嵩.建康实录[M].北京：中华书局，1986.

[2]张敦颐，李焘.六朝事迹编类·六朝通鉴博论[M].南京：南京出版社，2007.

[3]王诰修，刘雨.正德江宁县志[M].南京：南京出版社，2012.

[4]甘熙.白下琐言[M].南京：南京出版社，2007.

[5]余怀.板桥杂记[M].上海：上海古籍出版社，2000.

[6]潘宗鼎，夏仁虎.金陵岁时记·岁华忆语[M].南京：南京出版社，2006.

[7]夏仁虎.秦淮志[M].南京：南京出版社，2006.

[8]杨献文.十里秦淮志[M].北京：方志出版社，2002.

[9]南京市玄武区地方志编纂委员会.玄武区志[M].北京：方志出版社，2005.

[10]章剑华.江苏文化年鉴2007[M].北京：中国摄影出版社，2007.

[11] 南京市地方志编纂委员会 . 南京简志［M］. 南京：南京出版社，2014.

[12]《南京地名大全》编委会 . 南京地名大全［M］. 南京：南京出版社，2012.

[13] 王付荣，阎文斌 . 古里秦淮地名源［M］. 南京：南京出版社，2010.

[14] 周安庆 . 灯彩秦淮［M］. 南京：江苏文艺出版社，2004.

[15] 黄继东 . 中国节日志·秦淮灯会［M］. 北京：光明日报出版社，2016.

[16] 徐路，冯亚军 . 秦淮灯彩甲天下［M］. 南京：江苏美术出版社，2005.

[17] 王露明，万宝宁 . 南京历代非物质文化遗产［M］. 南京：南京出版社，2016.

[18] 陈晓萍，黄文中 . 民间灯彩［M］. 北京：中国轻工业出版社，2009.

[19] 高安宁 . 千秋风雅·秦淮河［M］. 南京：南京出版社，2018.

[20] 曹劲松，卢海鸣 . 南京学研究（第三辑）［M］. 南京：南京出版社，2021.

后 记

2023年，在南京市文化和旅游局、南京市非物质文化遗产保护中心的统筹指导下，秦淮区文化和旅游局委托金陵科技学院开展“南京非物质文化遗产代表性传承人口述史丛书（秦淮灯会·陆有昌）编纂出版服务项目”，以国家级非物质文化遗产代表性项目秦淮灯会代表性传承人陆有昌及相关人员的口述史材料为基础，编纂并出版《秦淮灯会·陆有昌》一书。本书编纂过程中，金陵科技学院团队在秦淮区文化和旅游局的指导下，对陆有昌的口述史材料进行了系统搜集与整理。令人惋惜的是，陆有昌先生已于2020年12月26日去世，陆有昌先生的爱人刘红女士于2021年6月11日去世。这为本项目的开展带来了一些困难。为了保证本书的质量，秦淮区文化和旅游局从2023年初立项之后，针对如何补充、完善原有的口述史素材进行了全面的规划与设计，并悉心指导与协助金陵科技学院团队对陆莉女士、陆敏先生、陈颜鸿先生等陆有昌的亲人、朋友进行了数次回访。本书正是在陆有昌先生生前留存的口述史素材及后续采访的基础上整理完成的。

学术的严谨性与传播的通俗性是“南京市非物质文化遗产代表性传承人口述史丛书”的编纂宗旨和整体特色。本书不仅涉及陆有昌先生的身世经历，还涉及秦淮灯会的文化渊源、秦淮灯彩的扎制技艺，体现了个人、技艺与传统文化的交融共存。这也潜在提高了本书编纂的要求，考验着编纂者对陆有昌先生的了解程度，对扎灯技艺的熟悉程度，以及对传统文化的感受程度。这些内在要求落实到具体的编纂工作中，主要体现为内容资料应当翔实，编者应具有较高的文化素养，还应具有较强的编校能力。

在资料搜集方面，项目团队细致、扎实而深入的工作是本书得以成型的重要基础之一，南京市文化和旅游局文化遗产管理处也提供了全面而专业的指导和帮助。此外，秦淮区文化和旅游局张江信先生给予了无私的帮助，为本书提供了充分的关于秦淮灯会的资料。本书中关于陆有昌先生的生活照片则由其女儿陆莉女士无私提供。陆莉女士、陆敏先生、陈颜鸿先生也为项目组深入了解陆有昌奉献了丰富的事实依据。本书中关于秦淮灯会、夫子庙秦淮风光带未有署名的摄影作品均由秦淮区文化和旅游局提供。南京全网文化发展有限公司曾拍摄、记录了陆有昌先生扎制灯彩的过程，为本书呈现扎灯技艺给予了文献支持。本书的完成还应感谢白莉教授、黄继东教授、高安宁先生、龚文新先生、金戈先生、施邦鹤先生、施旆旆先生，他们为本书提供了理论支撑和图片资料。正是他们的鼓励和帮助，本书的资料搜集得以顺利展开，内容才更加丰富、可靠。

南京出版社及本书编辑老师做了细致的编排工作，他们以较强的专业技能使得本书图文并茂、通俗易懂，又不乏学术性价值。金陵科技学院人文学院的团队老师、学生也为项目的成立、文稿的整理付出了大量的心血，最终形成了本书的六章内容。张维亚、赵步阳承担了相应的组织协调工作，王学森、张杨负责资料搜集与文稿的整理编辑工作，本书最终由赵步阳统稿与审校。另外，金陵科技学院人文学院学生多次参与协助采访活动，完成了采访稿的转录、编辑等工作，他们是陈婧遥、夏佳妮、秦颖贤、刘雨欣、潘思琦、陈家玲、王腾、刘若冰、黄丹丹等同学。其他各方面的支持，未能一一说明，谨在此深表歉意与谢忱。

非物质文化遗产博大精深，限于编者的知识、阅历和水平，本书难免存在不足，恭请广大读者提出宝贵意见，以资改正。

编 者